植芝守央道主の年頭挨拶

本部道場、新年の幕開け

合気会の正月行事は、例年、本部道場稽古始めを皮切りに、約４百人規模での全国道場・団体連絡会議、そして千人もの人が集まる鏡開き式と続くが、今年はコロナウイルス感染拡大の影響で様相は一変。ZoomやYouTube LIVEを活用したリモート配信で行われた。

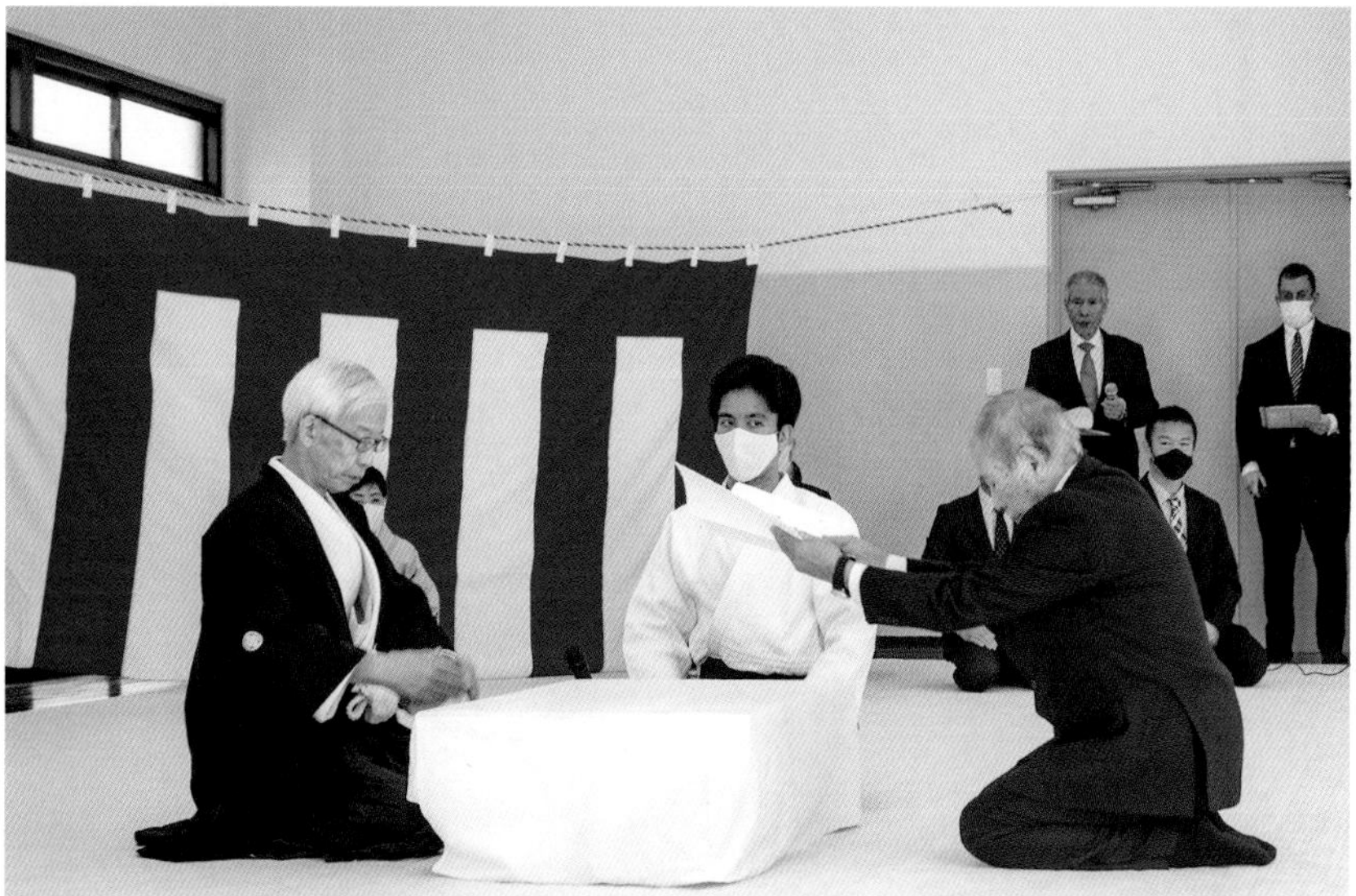

道主より免状を授与される

植芝充央本部道場長の奉納演武

全国道場・団体連絡会議の様子。本部道場３階道場中央前方に置かれたマイクの前で、各責任者は報告を行った

令和3年が明けて、まず1月6日午前6時半から行われた本部道場稽古始め。植芝守央道主の指導を受けるため、本部道場指導部をはじめとした約50名が、マスクをつけて集まった。

道主の「新年明けましておめでとうございます」の年頭挨拶から始まり、参加者はお互いの距離を保つように注意しながらも、新年らしい晴れやかな表情で稽古に励んだ。

1月9日午後2時半から行われた全国道場・団体連絡会議は、リモート形式での開催となった。本部道場3階で執り行う様子を参加者限定でライブ中継。金澤威（公財）合気会総務部長が司会を務め、植芝守央道主の挨拶のあと、植芝充央本部道場長が議長になり、議事が進行された。

行事報告と本部からの連絡が主な議事であったが、今年は、全日本少年少女合気道錬成大会の中止や審査申請のオンライン化の検討など、コロナ禍における内容もあった。

翌1月10日の午後2時からは、いよいよ令和3年鏡開き式が行われた。こちらも、例年であれば大勢の人が集まりにぎやかなところだが、やはりリモートでの開催となり、最小限の人数で厳かに行われた。

道主の挨拶のあとは、本部道場長による奉納演武。次いで推薦昇段発表と証書授与式が行われた。証書授与は密を避けて参段から八段位の代表者のみ計6名に授与する形となった。最後に多田宏本部師範の挨拶で、およそ1時間の鏡開き式は終了した。

大勢が集まることができなかった代わりに、昇段の代表者は道主との写真撮影が叶うなど、少人数ならではの和やかさも垣間見られた。

全国道場・団体連絡会議と鏡開き式をリモートで行うことは初の試みであり、連絡会議は限定ライブ配信、鏡開き式は全世界に向けてライブで配信された。音を拾う難しさはあったものの、やはりライブでの配信はより多くの方へ臨場感を持って会場の様子を届けられた。

道主は「コロナ禍での苦肉の策ではありましたが、これまで式典には、一部の人しか参加できませんでした。しかし、今回は全世界に向けて配信し、たくさんの合気道愛好者と時間を共有できた意義は大きいと思います」との感想を述べた。

海外の昇段者も増えてきていることから、この新しい試みは今後の合気道にとって大きな可能性を示す光となった。

左：道主による本部道場稽古始め
下：会員たちは心新たに稽古に臨む

年表で見る 合気道　普及の歩み

第4回:全日本合気道演武大会の歴史

Part2

「合気道　普及のあゆみ」を語るうえで欠くことのできない「全日本合気道演武大会の歴史」。前号で掲載した前編では第29回までを見てきたが、Part2は、カラーページでは第1回から現在までの歴代パンフレット紹介、白黒ページでは第30回から延期になった第58回大会までを見ていく。また、大会運営に携わる本部道場指導部師範に、仕事内容と過去の思い出を語っていただいた。

■第30回大会からの詳細な年表はP34～に掲載

歴代パンフレット図鑑

パンフレットは当初、A4サイズの用紙を3つ折りにした体裁や、B5変形サイズだった。第15回大会からは、現在と同じA4サイズの中綴じのスタイルとなった。表紙は意外なほど、斬新なデザインが多く、皆さんの記憶に残っているものもあるのではないでしょうか。

■第1回大会／昭和35(1960)年

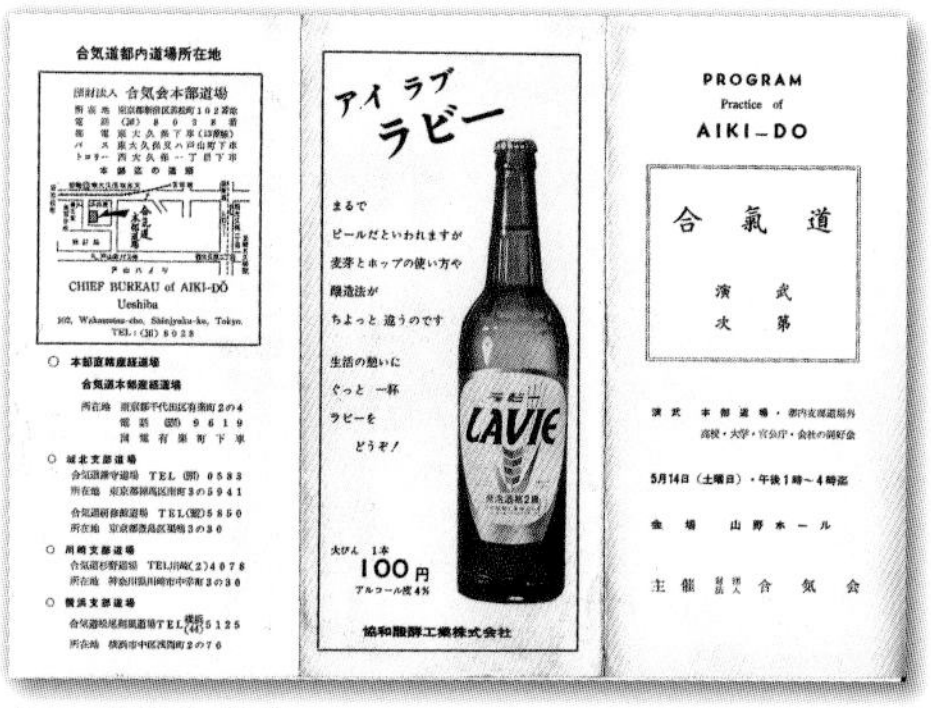

A4・3折サイズ

■第5回大会／昭和41(1966)年

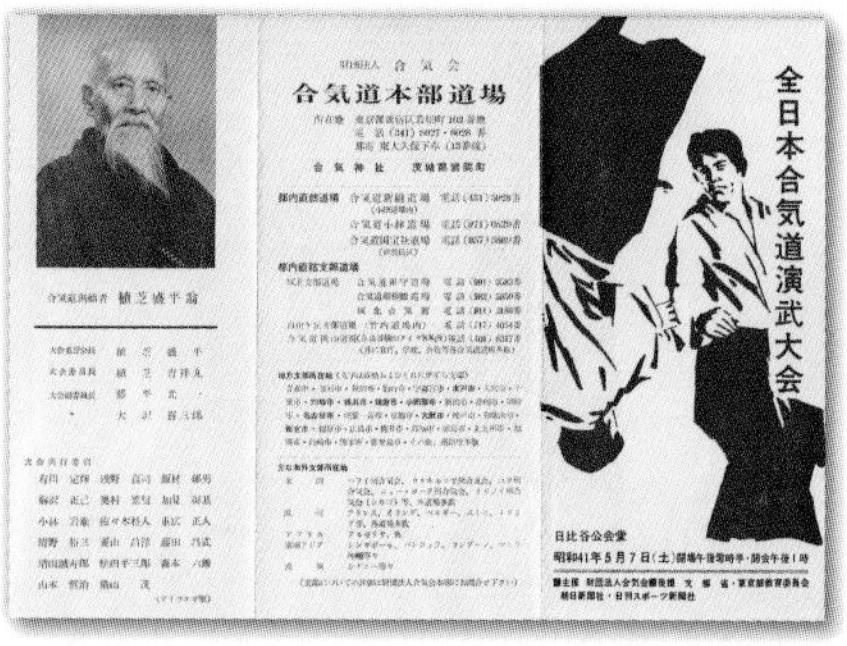

A4・3折サイズ

■第4回大会／昭和39(1964)年

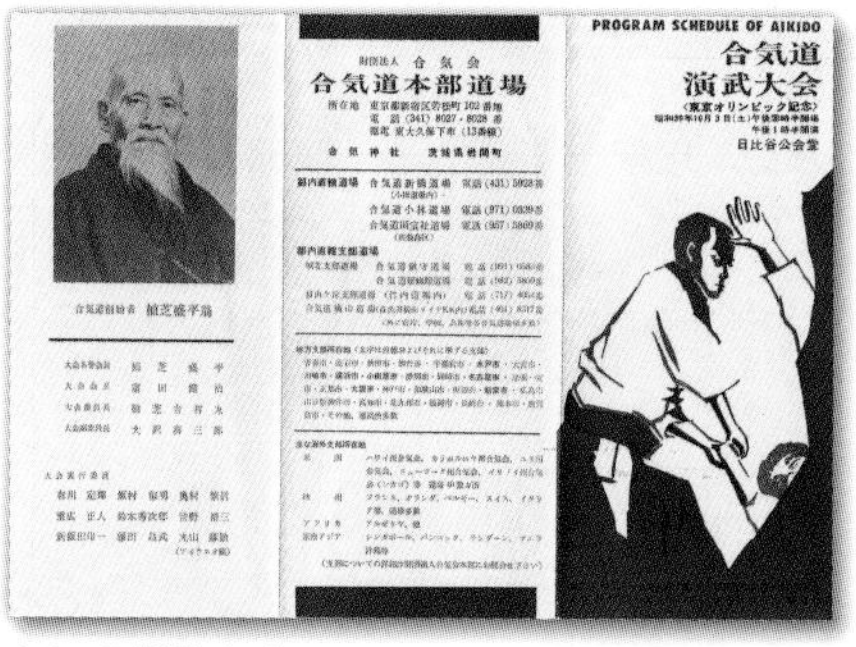

A4・3折サイズ

■第2回大会／昭和37(1962)年

B5変形サイズ

第15回大会から現在と同じA4中綴じの体裁に！

■第15回大会／昭和52(1977)年

昭和44年以来となる日本武道館での開催だが、演武場には畳3面が敷かれた

開祖を紹介するページでは、開祖のお言葉である「武は愛なり」を掲載

■第11回大会／昭和48(1973)年

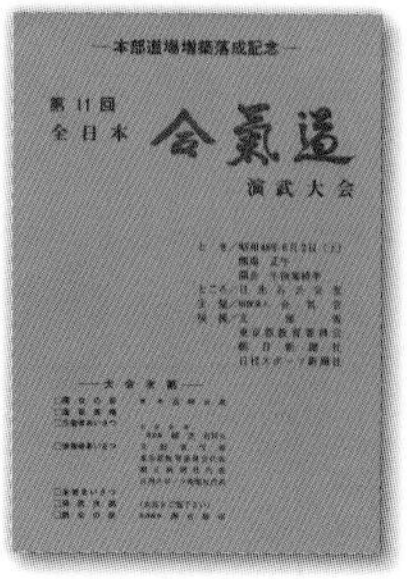

B5変形サイズ

■第7回大会／昭和44(1969)年

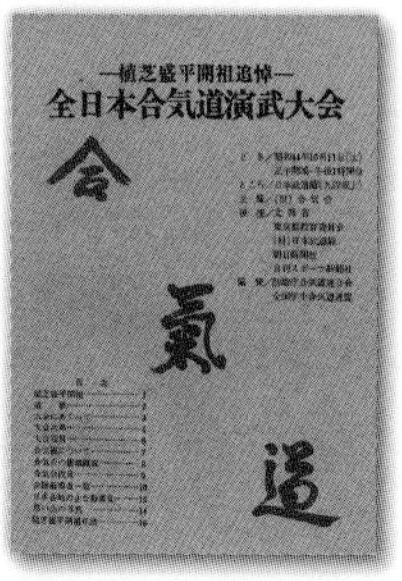

B5変形サイズ

第４回：全日本合気道演武大会の歴史　Part２

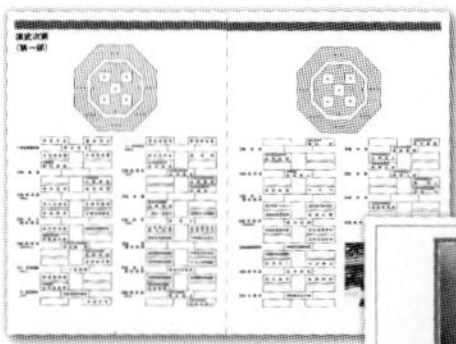

第17回から演武次第と出場者がそれぞれ見開きになる

開祖の紹介ページには、開祖の略歴が追加された

■ 第17回大会／昭和 54（1979）年

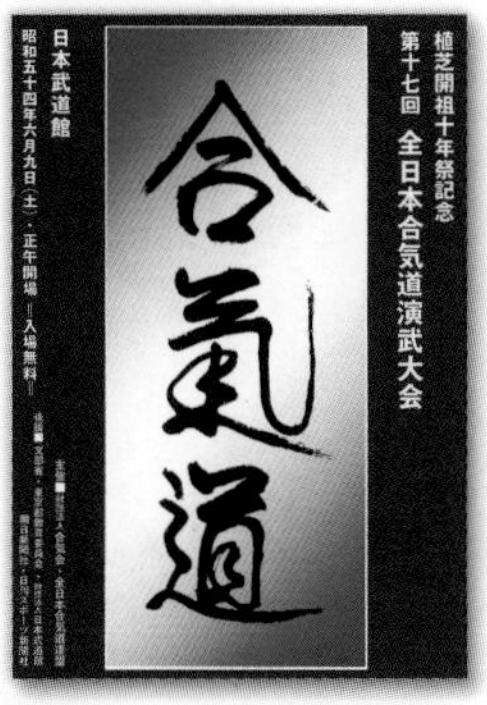

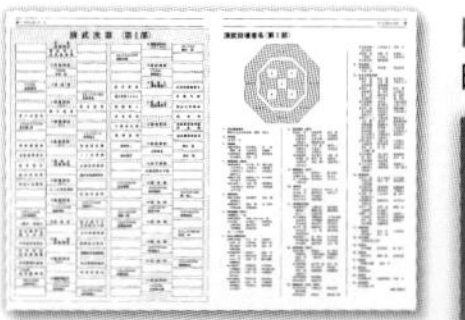

第16回から畳は５面に。見開き２ページで演武次第と出場者を掲載

1978年６月に公開された映画『スター・ウォーズ』のスターティングに似たデザインだが、大会は日本公開前……

■ 第16回大会／昭和 53（1978）年

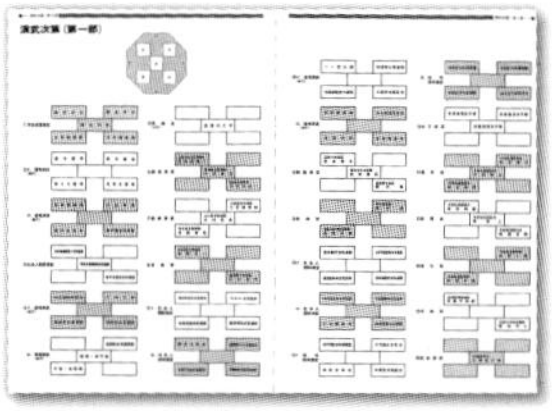

演武次第が現在の形になる

■ 第19回大会／昭和 56（1981）年

演武場の５面の畳を立体的にデザイン

開祖の紹介ページは、道歌５首になる

■ 第18回大会／昭和 55（1980）年

演武大会はいつもより1時間早い午後4時に終了。引き続き行われた「生誕百年記念会」のパンフレット

開祖生誕百年記念大会のため、表紙には開祖のお写真を掲載

■ 第21回大会／昭和58（1983）年

第20回の記念大会のため、「演武大会の進展と合気道のあゆみ」を掲載

■ 第20回大会／昭和57（1982）年

吉祥丸二代道主が流れ星の中で演武するユニークなデザイン

開祖の紹介ページでは、開祖の書を掲載

■ 第24回大会／昭和61（1986）年

天を突き抜ける演武大会

■ 第23回大会／昭和60（1985）年

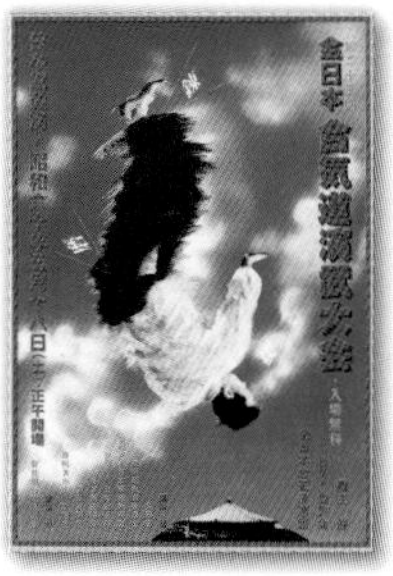

■ 第22回大会／昭和59（1984）年

■ 第28回大会／
平成2（1990）年

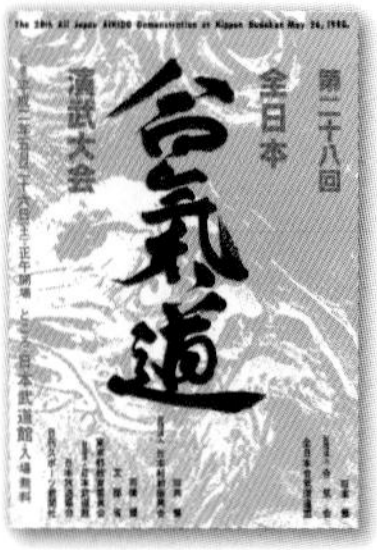

■ 第27回大会／
平成元（1989）年

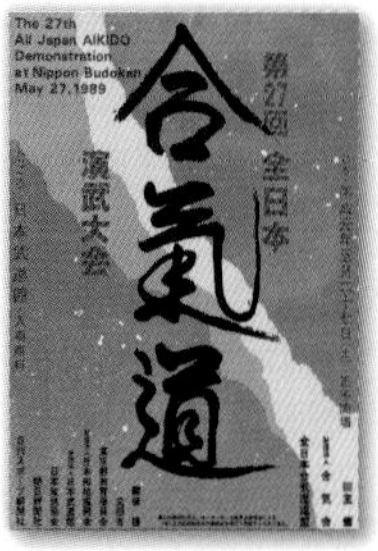

第 27 回から第 31 回まで、開祖の「合氣道」の書が表紙を飾った

■ 第26回大会／
昭和63（1988）年

■ 第25回大会／昭和62（1987）年

扇ヶ浜を思わせる砂浜で稽古する合気道の修業者たちが日本武道館を目指すイラスト

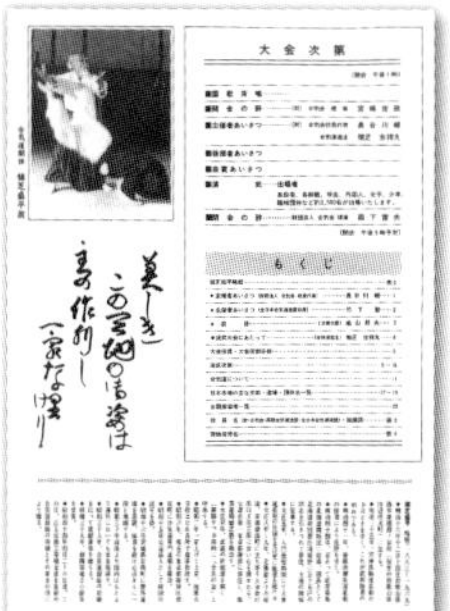

開祖紹介ページと式次第のレイアウトが変更される

■ 第32回大会／
平成6（1994）年

■ 第31回大会／
平成5（1993）年

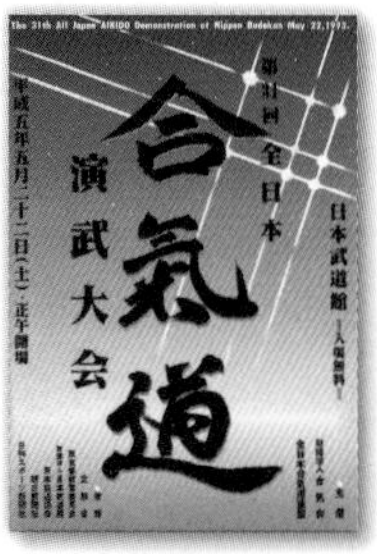

■ 第30回大会／
平成4（1992）年

■ 第29回大会／
平成3（1991）年

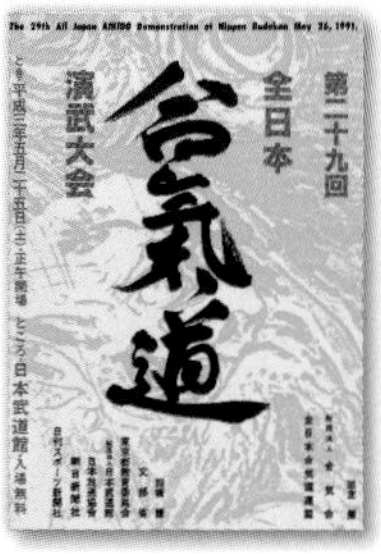

■ 第36回大会／
平成10（1998）年

円の動きを大切にする合気道ならではのデザインが第 32 回、第 36 回、第 42 回で採用されている

■ 第35回大会／
平成9（1997）年

大会名とイラストを表紙いっぱいにデザイン

■ 第34回大会／
平成8（1996）年

■ 第33回大会／
平成7（1995）年

吉祥丸二代道主の演武をイラスト化した表紙が 2 大会続く

■ 第37回大会／
平成11（1999）年

■ 第39回大会／
平成13（2001）年

パンフレットの形式が現行の姿に安定する

■ 第38回大会／
平成12（2000）年

初めて道主が表紙を飾る

吉祥丸二代道主追悼大会のパンフレットでは、二代道主の果たした偉大な功績と年譜、また合気道道主として現道主の挨拶文を掲載

第４回：全日本合気道演武大会の歴史　Part２

■第44回大会／平成18（2006）年

■第43回大会／平成17（2005）年

■第42回大会／平成16（2004）年

■第41回大会／平成15（2003）年

■第40回大会／平成14（2002）年

第38回から道主の演武の写真が続く

演武次第がカラーになる

■第48回大会／平成22（2010）年

■第47回大会／平成21（2009）年

■第46回大会／平成20（2008）年

■第45回大会／平成19（2007）年

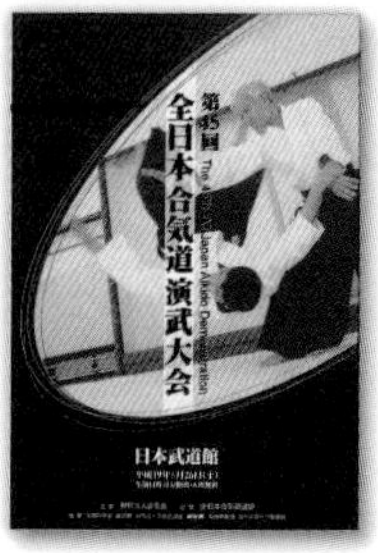

■第30回からの「全日本合気道演武大会の歴史」は34ページに続く

■第52回大会／平成26（2014）年

■第51回大会／平成25（2013）年

日本武道館をモチーフにした異例のデザイン

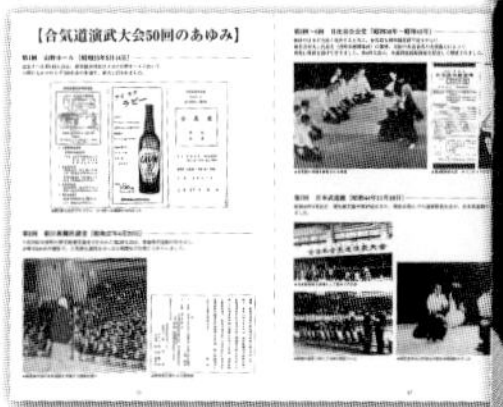

演武大会50回のあゆみを4ページにわたって掲載

■第50回大会／平成24（2012）年

■第49回大会／平成23（2011）年

■第57回大会／令和元（2019）年

■第56回大会／平成30（2018）年

■第55回大会／平成29（2017）年

■第54回大会／平成28（2016）年

■第53回大会／平成27（2015）年

合気ニュース
aiki news

道場とオンラインの2形式同時開催された第2回学生支援講習会

昨年10月24日より、第2回学生支援講習会が合気道本部道場およびオンライン中継を用いて開催された。本講習会は新型コロナウイルス感染拡大予防の影響により稽古ができない、制限されている大学合気道部に向けて、少しでも合気道の稽古に触れる環境作りを目的として開催された。毎週土曜日、全8回の稽古を行った。

植芝充央本部道場長をはじめ多くの本部道場指導部員が講習を担当し、本部道場には参加者が約3名、オンライン中継では約30名の参加があった。講習は12時半より1時間半行われ、体操、受身、転換等の単独動作、相対稽古を想定した単独稽古を指導した。

今回は道場とオンラインという2つの形式を平行して行い、昨今の稽古が困難な状況の中での一つの稽古の形を提示した。

令和2年度中学校武道授業（合気道）指導法研究事業

令和2年度中学校武道授業（合気道）指導法研究事業（主催＝（公財）日本武道館、（公財）合気会、日本武道協議会、後援＝スポーツ庁）は2月13、14日の2日間、日本武道館大会議室で実施された。日本武道協議会設立45周年記念事業の「少年少女武道指導書」の完成に向けた検討や、意見交換を行った。また、文章の表現方法やイラストの追加等についての指摘もあった。

合気道の授業における今後の課題や実態についての協議も行われ、実際に指導されている平野、佐藤両教諭には、指導の場での問題点や課題など意見をいただき、学校への普及をどのように行うか意見が交わされた。

合氣道探求 第61号 2021.MAR. 目次

AIKIDO

巻頭特集　**本部道場、新年の幕開け** ……… P001

特別企画　第4回：年表で見る　合気道　普及の歩み
全日本合気道演武大会の歴史 Part2 ……… P004／P034

道主巻頭言　**歴史の一ページとして** ……… P010

「田辺市立武道館・植芝盛平記念館」完成記念特別企画

Part1：対談　真砂充敏田辺市長×植芝充央合気道本部道場長 ……… P012

Part2：新武道館・記念館竣工式＆施設詳細レポート ……… P016

合気道本部道場創建90周年記念企画

植芝吉祥丸二代道主生誕100年記念特別座談会 ……… P020

開祖と竹下勇海軍大将　竹下日記に綴られた本部道場の生い立ち ……… P028

年表 ……… P032

誌上講習会　第10回　正面打ち第二教（表・裏）／正面打ち第三教（表・裏） ……… P040

師範の横顔　第46回　田邊孝美（合氣道青森県武道館道場長） ……… P048

師範の横顔　第47回　三澤秀文（合気道三澤塾道場長） ……… P051

合気道人生　第55回　クリスティアン・ティシエ（FFAAA師範） ……… P054

世界の友と繋がる日常＝本部道場国際部での毎日＝　文：谷　正喜 ……… P058

コロナ禍の中で、発足60周年を迎えた全国学生合気道連盟 ……… P060

ハンディキャップを乗り越えて　**ナポリタノ・ディアズ・レアンドロさん** ……… P064

特別寄稿　開祖・植芝盛平翁の愛読書**『古事記』を紐解く**その2　文：乾　泰夫（八千代市合気道連盟） ……… P068

中学校武道授業　合気道を学んだ子供たちは未来を明るく照らす
文：今泉　寛（笠間市教育委員会教育長） ……… P071

世情が乱れているコロナ禍の中での生き方を問う！　**寂滅の刃**　文：皆川大真曹洞宗三松寺住職 ……… P074

親と子供が合気道を楽しく初体験！　親子合気道体験講座 ……… P076

合気ニュース　第２回学生支援講習会／中学校武道授業指導法研究事業 ……… P008

連載企画　**問わず語り**　吉田博昭／寺杣晃一 ……… P078

連載企画　**心と身体の不思議な関係**　第5回 稽古復帰のための行動変容　文：園部　豊（帝京平成大学） ……… P080

合気道仲間のお仕事拝見！　バイクマフラー製作販売　尾藤一則 ……… P084

われら合気道家族　第53回　冨岡さんご一家 ……… P088

鏡開き式推薦昇段代表者挨拶 ……… P091

全国道場だより ……… P092

合気国内トピックス ……… P096

武道功労者、武道優良団体表彰受賞挨拶 ……… P099

国際合気道連盟（IAF）活動報告　文：井澤　敬（国際合気道連盟理事長） ……… P100

モザンビーク　合気道の胎動　文：木勢翔太 ……… P102

昇段者小論文紹介　合気道の心　文：長　昭彦 ……… P103

合気会行事記録＆予定 ……… P104

道主巻頭言

歴史の一ページとして

合気道道主　植芝 守央

東京・牛込区（現新宿区）若松町に建坪75坪強、80畳敷の道場を有する、当時としては立派な建物であった「皇武館」と称した「植芝道場」を、開祖植芝盛平翁が建てられたのは昭和6（1931）年のことでした。当時10歳の少年であった植芝吉祥丸二代道主は「香り高い真新しい畳を敷き詰めた80畳の道場の広さは、まさしく大海原と映じたものであった」と、当時を語っておられました。それから歴史は積み重なり、今年で合気道本部道場創建90周年・財団認可80周年を迎えます。当時10歳だった吉祥丸二代道主の生誕100年の年でもあります。

「皇武館」が創建され、わずか10年で太平洋戦争が勃発し、門人の方々は稽古にいらっしゃれなくなり、出征していかれた方も少なくありませんでした。終戦時には道場のある若松町も燃え尽くされ、焼け野原の中にポツンと一つ道場が焼け残った状態となっていたのでした。世間の武道に対する風当たりも強い中で、被災者の避難所として戦後の道場は始まったのでした。

そのような状況下で、吉祥丸二代道主が、「すべてを失ってしまった日本で、日本人として誇れるものを持って立ち上がっていこう」と決心しました。盛平翁が創始した合気道という素晴らしい武道を再認識し、「合気道をもって日本を復興させよう」と誓われたことは、これまでも幾度となくお話しさせていただいておりますが、今、道統を受け継いでいる私の心に深く刻まれ、力となっている言葉です。

しかし、この強い決意があったものの、現実はかなり苦しいものであったと容易に想像できます。道場はまだ被災者の方々の避難所となっていましたが、自分たちも生活していかなければなりません。吉祥丸二代道主は昭和31（1956）年までは証券会社の勤務を続け、合気道と二足の草鞋を履かなければならなかったのです。

植芝吉祥丸二代道主として財団法人合気会を牽引していく中で、決して身体には恵まれていらっしゃらなかったあの細い身体で、どこにあれだけのパワーがみなぎっているのかと感じたことが幾度となくあり、そのパワーにいまだに押されていると感じることがあります。若い時に患われた肺が晩年悪化してしまい、医師たちからは「この肺で歩いている人を初めて見ました」と言われたのです。その時、吉祥丸二代道主は「肺がなくても何とか生きられないものか」と尋ねるほど、最後の最後まで、戦後に決意した「日本人として誇れるものを……」の気持ちを失わず、「合気道を世界中へ」の思いを持っておられたのです。

時が流れ、合気道本部道場創建80周年の節目の年に、決して忘れてはならない災害＝東日本を千年に一度といわれるM9の地震、想定をはるかに超える巨大津波が襲い、広範囲に未曾有の被害をもたらしました。茨城県笠間市にある合気神社も本殿や鳥居などが損壊し、開祖ゆかりの茨城支部道場は天井が下がるなど、大きく損壊し大がかりな修復を余儀なくされました。

その衝撃の記憶が残る中、昨年、新型コロナウイルス感染症が世界中に広がり未曾有の被害をもたらし、今なおその戦いは続いております。合気道本部道場創建90周年の節目の年がまたしても厳しい状況下に置かれている時となってしまいました。

厳しい状況下に置かれている時も、光り輝いている時も、どのような時であろうと、その状況は史実として積み重ねられていきます。それが歴史です。10年前の東日本大震災も毎年のように起こる日本各地での台風・豪雨などの災害、今なお苦しめられ続けているコロナ禍ですが、その状況も、どのような時でも歴史として残されていきます。しかし、大切なのは将来にその歴史を振り返った時、未曾有の被害にあったから、災害が起こったから、コロナ禍で何もできなかったではなく、「あの時は大変な思いをしたけれど皆で支え合い、知恵を絞って頑張った。精一杯やれることができた」と思えるようにしていくことです。

90年という歴史の重みがあるからこそ、ゆっくりと感謝をもって踏みしめながら進み、乗り越えていきたいと思っています。合気道で養った和合の心と、お互いを尊重し合う心で培った絆を大切に支え合い、この局面を乗り越えた姿を、生誕100年を迎える吉祥丸二代道主へ捧げたいと思います。

半世紀ぶりに新築された景勝地に建つ武道館
合気道の歴史上、大きな意味をもつ記念館を併設

和歌山県田辺市扇ヶ浜に建てられた、鉄筋コンクリート3階建て、延べ床面積3,462平方メートルの新武道館

「田辺市立武道館・植芝盛平記念館」

完成記念特別企画

令和2（2020）年10月、開祖植芝盛平翁生誕の地である和歌山県田辺市に、新武道館が完成。館内には、植芝盛平記念館が併設された。ここでは、それを記念して、Part1では、真砂充敏田辺市長と植芝充央合気道本部道場長の対談、Part2では、施設を詳細に紹介します。

Part1：対談

真砂《まなご》充敏田辺市長
×
植芝充央合気道本部道場長

合気道修業者にとって新武道館と田辺市は大切な場所

植芝充央本部道場長　このたびは田辺市立武道館の完成おめでとうございます。また、館内に「植芝盛平記念館」を併設していただき、ありがたく、うれしく思っています。記念館設立は、合気道の修業者にとって長年の望みでした。関係者の皆さまにお礼申し上げたいと思います。この記念館の設立は合気道の歴史のうえでも、大きな意味がある出来事だと考えています。

現在の合気道の広がりを考えますと、合気道修業者は開祖誕生の地である田辺市を大切に思い、また開祖植芝盛平翁が創始した合気道を正しく顕彰していくことも大切だと思います。この新武道館がこれから世界中の合気道修業者にとって、大切な場所になっていくことを願っています。

また、田辺市より植芝守央道主を記念館の名誉館長にご推挙いただき、道主に代わりまして、お礼申し上げます。道主も大変光栄に思い、合気道の道統を継ぐ者として、また孫として喜んでおります。

真砂充敏田辺市長　私といたしましても、新武道館並びに植芝盛平記念館が無事に完成し、関係各位の皆さまに感謝しています。田辺市のこれまでの武道館は昭和46（1971）年に当時の国体開催にあたり建築された施設で、築50年近くが経ち、老朽化していました。3万人を超える多くの市民の皆さまからも新しい武道館が欲しいという声が多くありました。

また、昭和63（1988）年に植芝盛平翁顕彰会を創設し、開祖の業績を田辺市として顕彰し、たたえていこうという取り組みを進めてきました。

そのようななか、平成27（2015）年に紀の国わかやま国体が開催され、スポーツ施設の整備を行いました。その直前に市民の皆さまから武道館の建築と、盛平翁の業績の顕彰ができるような「館《やかた》」のような記念館的なものができないかという要望がありました。そして今回やっと実現し、大変喜んでいます。

防災対策も万全！　津波発生時は第一次避難施設として活用

植芝道場長　この新武道館は扇ヶ浜に面しており、とても見晴らしが良く、明るい雰囲気が感じられました。

真砂市長　田辺市には、三偉人として武蔵坊弁慶、南方熊楠博物学者、そして植芝盛平合気道創始者がいますが、ご存知のように弁慶

ゆかりの世界遺産である闘鶏神社、熊楠には顕彰館があります。この2か所から大きく離れない場所で、同時にこの2か所と中心市街地を囲うような場所に建築したいと考えました。

また、この扇ヶ浜は夕陽100選に選ばれており、この見晴らしの良さもぜひ体感していただけたらと思っています。

植芝道場長　この地域は南海トラフ地震の範囲に入っていますが、新武道館は防災の観点でも、万全の対策が施されているとのことで安心しています。

真砂市長　新武道館は耐震基準に関しまして十分に満たしています。もちろん津波の災害対策も施しており、ピロティ（横方向の吹き抜け構造）となっています。

かなりの浸水想定のうえに建築しており、津波災害時に沿岸部で万が一逃げきれなかった方々の「第一次避難」の施設となっています。

武道館、記念館、そしてもう一つ避難施設も兼ねているということで、3つの役割を果たしています。

植芝道場長　新武道館は、今後合気道に限らず、いろいろなことに利用できるかと思いますが、どのように活用できるとお考えですか。

真砂市長　合気道、柔道、剣道、空手などすべての武道をはじめ、様々な大会に利用してもらいたいですね。また積極的に大会の誘致も行っていきます。

そうはいっても「植芝盛平記念館」が併設されていますから、合気道関係の演武大会、合宿や稽古に数多くご利用いただければありがたいと思います。

植芝道場長　東京（羽田空港）から田辺（南紀白浜空港）までは1時間ちょっとと非常に交通の便が良いので、とても利用しやすいですね。いろいろ利用させていただきます。

真砂市長　実は、この新武道館の隣にある扇ヶ浜公園も整備しまし

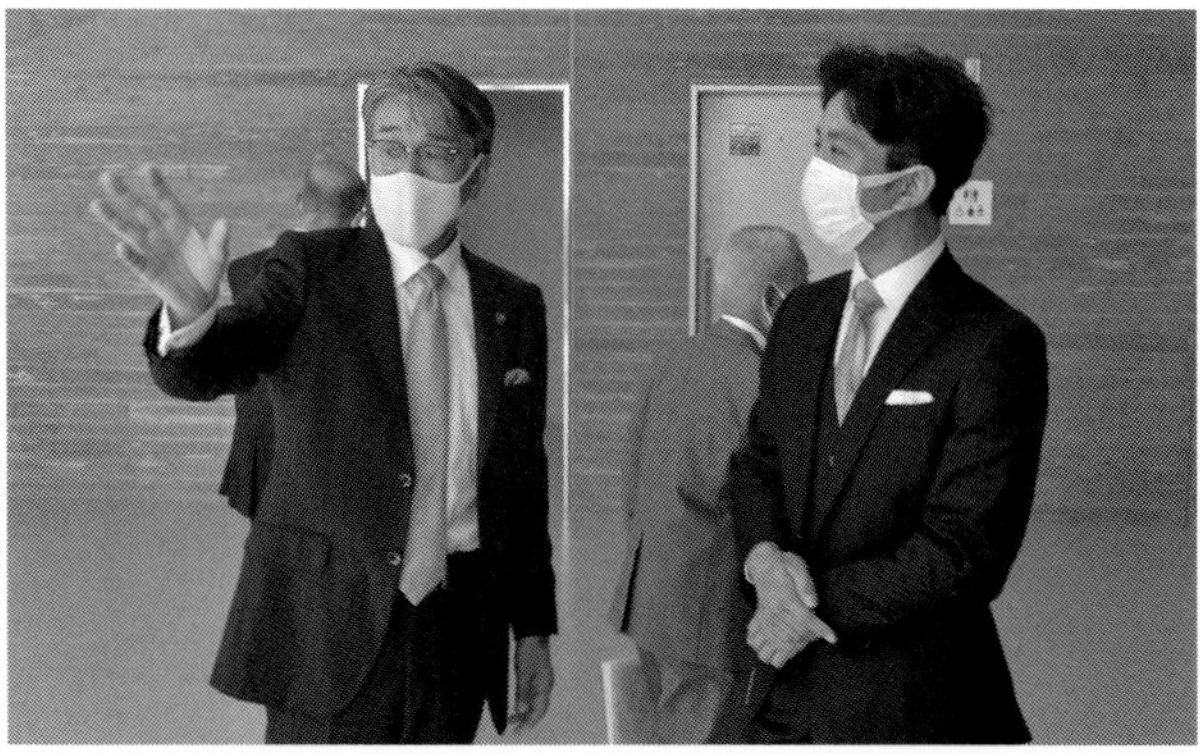

新武道館の見どころを真砂市長より説明を受ける植芝本部道場長

2階にメインアリーナ、3階に観覧席がある

真砂充敏（まなご・みつとし）**プロフィール**
昭和32（1957）年7月21日生まれ。昭和56（1981）年3月修成建設専門学校卒業。昭和63（1988）年11月中辺路町議会議員に初当選、平成8（1996）年7月中辺路町長に初当選。平成17（2005）年5月1日日高郡龍神村・西牟婁郡中辺路町・大塔村・東牟婁郡本宮町が合弁し現在の田辺市を発足し、平成17（2005）年5月田辺市長に就任。

3階には扇ヶ浜、そして太平洋が一望できる屋上広場がある

記念館内にある開祖のお写真を中心に市長と植芝本部道場長

た。海水浴場の先も、海岸整備ができて、そちらではマリンスポー

市内全中学校で実施したい 教育面で成果が高い合気道の授業

植芝道場長　『合気道探求』の前号では、田辺市教育委員会の佐武正章教育長に田辺市での合気道授業についてご寄稿いただいたのですが、真砂市長は合気道の授業、合気道に期待されることは何でしょうか。

真砂市長　平成24（２０１２）年度から武道が体育の授業に必須になりましたが、田辺市は準備を含めて平成22（２０１０）年度から一部の中学校で授業に合気道を導入していた経緯があります。現在、市内には24校の中学校がありますが、６校が合気道を授業に取り入れています。大変、評判が良く、教育面での成果も上がっているという、報告がきています。市内全中学校で実施できるように進めていきたいと思っています。

ツなどを提案していこうと思っています。

植芝道場長　ありがとうございます。そうなれば、合気道の普及がさらに進むかと思われます。

ところで、市長はこれまで合気道との出合いはなかったのですか。

真砂市長　田辺市は合気道発祥の地であり、そこの市長ですから心得を学ぶ必要があるとは思っています。新武道館落成を機に、稽古することも考えたいと思います。

植芝道場長　ぜひとも稽古を始めていただければ幸いです。

市長が合気道に触れていただければ、市民の皆さまにもさらに合気道が身近なものになってくれるのではないでしょうか。

本日はお忙しいなか、ありがとうございました。

真砂市長　こちらこそ、ありがとうございました。

「田辺市立武道館・植芝盛平記念館」 完成記念特別企画

Part2：新武道館・記念館竣工式＆施設詳細レポート

畳敷き256畳の広さを誇るメインアリーナ

令和2（2020）年10月に完成した和歌山県の田辺市立武道館（以下、新武道館）及び植芝盛平記念館竣工式は10月24日に、扇ヶ浜沿いに新設された新武道館正面玄関前広場にて執り行われた。同時に植芝盛平記念館の名誉館長として植芝守央道主が田辺市より任命

メインアリーナや記念館など主要機能は、南海トラフ巨大地震で想定される津波の浸水深以上の海抜11.29メートルの高さに設けられた2階にある。メインアリーナは競技場面積約841平方メートル、256畳の広さがある。3階には約530席の観覧席があるが、そのベンチの木製部分は地産品の田辺杉が使用されており、地域産業の活性化に繋がっている

竣工式は新武道館正面にて行われた

3階にあるサブアリーナは競技場面積約144平方メートル、98畳の広さをもつ

記念館名誉館長委嘱状を授与される植芝本部道場長

祝辞を述べる安達克典田辺市議会議長

開会の挨拶をする真砂充敏田辺市長

竣工式の締めくくりとして代表者によるテープカットが行われた。植芝本部道場長の左に尾﨑晌全日本合気道連盟理事長、右端に佐武正章田辺市教育委員会教育長

植芝道主の挨拶を代読する植芝本部道場長

祝辞を述べる宮崎泉和歌山県教育長

され、委嘱状の授与も行われた。

竣工式には田辺市議会議員をはじめ、建設関係、各武道関係者ら約50名が出席し、合気道関係者として、植芝充央本部道場長（道主の代理）、尾﨑晌全日本合気道連盟理事長、九鬼家隆熊野本宮大社宮司・和歌山県合気道連盟会長らが出席した。

開会の挨拶として真砂充敏田辺市長が「田辺市立武道館並びに植芝盛平記念館が関係各位の皆様のご臨席のもとに、無事に竣工式を迎えることができました。改めまして、本日を迎えられたことに、心から感謝を申し上げます。コロナ禍で竣工式の規模縮小を余儀なくされましたが、世の中には小さく生んで大きく育てるという言葉もあるように、本日ご出席の皆様のお力をお借りしながら、新武道館を大きく育てていきたいと思っております。さらに地域の皆様にもご協力をお願いしながら、この場所に建てて良かったと思っていただけるよう努力して参ります。最後になりましたが、改めまして建築に関わりました皆様、ご寄付を賜りました多くの皆様に感謝を申し上げて竣工の挨拶といたします」と述べた。また、安達克典田辺市議会議長、宮崎泉和歌山県教育長が来賓祝辞を行った。

次に植芝道主が植芝盛平記念館名誉館長に就任するにあたり、真砂市長より道主の代理で出席された植芝本部道場長に委嘱状が授与

開祖の生涯や合気道の魅力を伝える記念館

上／「合気道体験映像」を始める一般の来館者。合気道の基本である「構え・歩法」「座法」「体捌き」の3つの体験コースがある
右／開祖の年齢に合わせて生涯を紹介する「顕彰・功績ウォール」

前後左右から開祖の稽古着、袴が見られる珍しい展示方法

記念館について説明を受ける植芝本部道場長

3階の屋上広場から、扇ヶ浜と遥かなる太平洋を望む

「翁ゆかりの品展示」に掲げられた書を見る植芝本部道場長。展示内容は定期的に入れ替えられる予定

式典後、開祖に新武道館完成の報告をする植芝本部道場長

開祖の立像は新武道館正面に移設された

された。植芝本部道場長は名誉館長挨拶として「田辺市新武道館が本日竣工式を迎えられましたことを、心からお喜び申し上げます。今日を迎えられますのも、真砂市長並びに田辺市の皆様のご尽力によるものと、心より感謝申し上げます。この新武道館が、田辺市だけでなく、近隣の地域の武道の普及振興に大きな力となることを確信しております。このたび、植芝盛平記念館の名誉館長にご推挙いただき、大変光栄と思うと同時に今後のさらなる武道発展のために尽力させていただきたいとの思いを新たにしました。この新武道館がこれから世界中の合気道修業者にとって大切な場所になっていくことを願っております。新武道館の竣工を機に、田辺市の増々の発展をお祈り申し上げます」と植芝道主の挨拶を代読した。

竣工式終了後には、新武道館と記念館の内覧会が行われ、式の出席者が田辺市の担当職員の案内のもと館内を一巡した。新武道館は3階建てとなっており、2階にメインアリーナと記念館、会議室や事務室、応接室があり、3階にはサブアリーナ、車いす用を含めた観覧席がある。

記念館は「顕彰・功績ウォール」、「翁ゆかりの品展示」、「合気道体験映像」、「気・心・体サークル」に分かれており、ほかにも開祖に関連する書籍等の紹介や閲覧ができる様々なブースやコーナーが設置されている。市役所には、地元の小学校から記念館の学習利用が打診されているというが、この日も家族で来館する方が多く見られた。そのうちの一般来館者からは「合気道の創始者が田辺出身という事は知っていたが、記念館で合気道について初めて詳しく学べました。体験コーナーで娘が映像と一緒に楽しそうに動いていたので、今度は友達も誘って来たいです」との声があった。

合気道本部道場創建90周年記念企画

植芝吉祥丸二代道主生誕100年記念 特別座談会

今年は、合気道本部道場創建90周年、合気会財団設立認可80周年、さらには植芝吉祥丸二代道主の生誕100年という記念の年を迎えた。ここでは、植芝充央本部道場長に司会となっていただき、吉祥丸二代道主の受けを各地の演武会や講習会で取っていた本部道場指導部の宮本鶴蔵、横田愛明、大澤勇人の3名の師範に、吉祥丸二代道主の思い出を語ってもらった。

植芝充央道場長：本日お集まりのお三方はいずれも、昭和50年代から、吉祥丸二代道主のお供として各地を訪問し、受けをされた体験をお持ちです。吉祥丸二代道主との思い出話を中心に、お話を伺っていきたいと思います。

まずはみなさんが奉職された頃のことをお聞かせいただけますか。

宮本鶴蔵師範：私は昭和50（1975）年の4月から本部道場に奉職させていただきました。それまでの4年間、福岡の菅沼守人師範のもとで稽古をさせていただきました。

奉職以前に本部道場で稽古したのは、昭和48（1973）年と49（1974）年、日比谷公会堂での全日本合気道演武大会で菅沼師範の受身のため上京した時の2回でした。

当時も本部道場の稽古は月曜日から日曜日まで、名だたる師範が指導されます。どの稽古でも緊張

植芝吉祥丸二代道主の地道な努力の積み重ねにより、国内外に広がった合気道

右から、宮本鶴蔵師範、植芝充央合気道本部道場長、横田愛明師範、大澤勇人師範

の連続です。その中で、特に朝稽古の吉祥丸二代道主のクラスは、特別な緊張感が漂っていました。朝一番（6時半から7時半）の稽古は月曜日から土曜日まで吉祥丸二代道主が指導されておりました。吉祥丸二代道主が入場され、礼、「エイホー」と始まります。今でも情景が目に浮かびます。

横田愛明師範：私は昭和52（1977）年に奉職いたしました。現在指導している高校から大学に進学し、合気道部へ入部し、大学生の時に2回くらい本部道場へ伺いました。真白できれいな道場だなあと思いました。人数は今より少なかったけれど、なかには外国人もいました。

　私も日比谷で2回ほど演武に出させていただきましたが、本部道場では当時、千葉和雄師範、柴田一郎師範など、錚々たる方々がいらっしゃって、その演武を見て、これはすごい！と感動しました。その中でも特に、最後に吉祥丸二代道主が演武をされたお姿が、今でも印象に残っています。日比谷から本部道場まで歩いて帰ってきて、道主のお帰りをお迎えしました。

　吉祥丸二代道主は稽古中、巡回しながら、ときおり私などにも声をかけてくださいました。また、呼吸法などうまくできず、「押してみなさい」と言われて、道場の端まで押していったけれど、最後までダメだったことなどを、印象深く覚えています。

大澤勇人師範：私が奉職したのは、昭和53（1978）年です。稽古を始めたのは子供の頃だったので、最初の印象は覚えていません。記憶にあるのは、吉祥丸二代道主が朝稽古で道場に入られると、静寂として厳かな空気に代わり、何ともいえない緊張感があったことです。吉祥丸二代道主は言葉にこそ出されませんでしたが、しっかり稽古しなければいけない、という雰囲気が伝わってきました。

　吉祥丸二代道主に諸手取り呼吸法の稽古をしていただいた時、私がそれまで経験したことない強い握りと圧力を感じ、動くことがで

きませんでした。当時の吉祥丸二代道主は50代後半で細身な方でしたから、どこからこの強さが出てくるのだろうと、不思議に思ったことを覚えています。

吉祥丸二代道主がご病気されて手術をされる少し前のことでした。

道場長：吉祥丸二代道主のお供をした時のことをお話いただけますか。

宮本：お供をさせていただく中で、人としてのあり方も学びました。お礼を申し上げます。

奉職して3か月後、最初にお供をさせていただいた時のことです。当時、名古屋の中日文化センターに合気道の講座がありまして、1か月に1度吉祥丸二代道主が指導に行かれておりました。文化センター合気道講座の先駆けではないかと思います。道場の設備は、代用のマットが敷かれており、合気道の稽古としてあまり適した環境ではありませんでした。それでも、吉祥丸二代道主は受講者一人ひとりにわかりやすく指導されていました。今なお、吉祥丸二代道主の普及振興に対する熱意をひしひしと感じます。要請があれば、少々環境が整わなくても機を大切にする。このことが今の合気道の普及振興の原点であり、現在の合気道人口に繋がっているように思います。

道場長：吉祥丸二代道主が、自ら足を運ばれていた時代だったのですね。

横田：私の最初のお供は、防衛大学校でした。守央道主と私の二人でお供をさせていただきました。防衛大の畳が柔らかくてびっくりしたことは覚えていますが、緊張していて、ほかのことはあまり思い出せません。

この時は二人でしたが、当時はだいたい一人でお供することが多かったです。

大澤：宮本師範は運転免許があるから大変でしたよね。現地まで運転して、そこで受身をして、また運転して帰ってくるわけですから、体力的にきつかったでしょう。

宮本：いやいや、私は車でのお供の方が楽でしたよ。乗っていただくだけですから。電車はいろいろな手配に気を遣いますから。

横田：吉祥丸二代道主は歩くのも速かったですよね。階段を上られるのも速くて、階段の上で荷物を抱えたお供の到着をお待ちになっている（笑）

岩間で毎月行われている月次祭も当時は電車でしたから、お供えの野菜やお餅を抱えて上野駅のホームを必死についていったり切符を咥えて改札を通ったり、電車でのお供には思い出がたくさんありますね。

大澤：演武会や講習会に行かれる際は、ご自宅を出られてから帰宅されるまで、気を張り詰めておられたように思います。いつ何がおきても対応できるように心掛けておられたのでしょう。

また、吉祥丸二代道主は演武会や講習会で使う木剣や杖を現地で借りるのは良くないと教えてくださいました。もっとも海外出張で

は持ち出しも難しく、行動も大変なのでだんだん許されるようになりましたけど。お供は荷物がどんなに多くても、自分の荷物は他人に持たせてでも吉祥丸二代道主のお荷物だけは他人に持たせないように心掛けました。

道場長：長くお供をされていると、思い出話も尽きないようですね。受けでの思い出はありますか。

宮本：吉祥丸二代道主は国内外さまざまな招聘がありました。当時は合気道関係だけでなく、政治家や経営者を輩出する団体、医学・教育などの多岐にわたる団体に招かれ、その場に適応した演武、公演をされました。

　受けを取らせていただく方としては、どのような説明演武をされるのか、吉祥丸二代道主のお言葉をよく聞いておく必要があります。まず言葉で説明され、それから演武が始まります。意図を理解できたか不安ですが、当たって砕けるしかありません。説明されたマイクを手放され、最初の受身を眼光鋭く睨む。こちらとしては蛇に睨まれたカエル状態ですが、全身の気持ちを振り絞って正面打ちに行きます。あとは流れに沿って動き、どう動いたかはあまり記憶にありません。吉祥丸二代道主の演武には合気道を理解いただくための論理がありました。

大澤：吉祥丸二代道主の演武はだいたい流れが決まっていました。

　立ち技で正面打ち、横面打ち、片手取り、肩取り面打ち、諸手取り、両手取り、後ろ両手首取りの基本技を中心に円の動きを示されました。次に座り技の正面打ち一教、二教、三教、四教、そして入身投げ、小手返し。次に半身半立ち技を正面打ち、片手取りで。次に入身と当身を突きからの攻撃で示し、太刀取り、杖取りと続き、呼吸法の養成を諸手取り呼吸法で行い、最後に多人数掛けの演武を展開されました。

　吉祥丸二代道主が何を体現されようとしているのかを、理解して受身を取ることが必要でした。吉祥丸二代道主からよく見て、落ち着いて、と教えていただきました。

横田：私は何度かやっているうちに、ここで杖、ここで剣など、吉祥丸二代道主のストーリーが少しずつ読めるようになりました。でも計算しすぎた演武は、作り物になってしまいダメです。吉祥丸二代道主が何を表現されようとしているかを、その場で見て、すばやく合わせなければなりません。

大澤：ご病気されたあとは、二人体制のお供が多くなりましたね。58歳で手術をされ、手術の痕にガーゼをつけ、包帯を巻いておられました。演武後、ガーゼに血が滲むこともありましたから、守央道主が吉祥丸二代道主の体調を考えられ、お供は二人の方が良いと判断されたと思います。

道場長：各行事の変遷についても、お聞かせください。

宮本：鏡開きは当時から700人くらい参加がありました。鏡開き、岩間の合気神社例大祭の奉納演武では、毎年、横田師範、大澤師範とともに受身を取らせていただきました。緊張の連続でしたが、ありがたいことです。光栄に存じます。

　大祭には、今と同じように前日から先発隊として参加し、掃除等、参拝者を迎える準備をしました。故斉藤守弘師範の稽古を受けたことも数回あります。洗礼と言いましょうか、これも良い刺激でした。

横田：当時の参拝者は、今と比べて多くなかったです。もっとも受けの時は、周りの様子を観察する余裕はありませんでしたが……。今では本部からの参加者も増えたし、各地の道場からも大型バスで来られるようになった。駅も綺麗になったし、来やすくなったのだろうと思います。

大澤：吉祥丸二代道主の時代は誰でも気軽に参加できる感じではありませんでした。

　守央道主の意向を受け、茨城支部道場の責任者になられた磯山博師範が中心となり、合気神社や道場そして中庭を整備されました。全体が公園のようになりました。また、磯山師範はじめ支部の指導者と会員の方々、そして合気会の職員が協力して大祭をお手伝いしていることも、多くの方が来られるようになった要因だと思います。

道場長：演武大会のこともお聞きします。昭和52（1977）年、第15回大会から、会場が日比谷公会堂から日本武道館に移りました。私は日本武道館からの記憶しかないのですが、小学校の頃は、1階が埋まるかどうかという程度でした高校か大学生の頃になると、2階から3階にも人が入るようになりました。

横田：日比谷公会堂は1面だけで個人演武が中心でしたが、日本武道館に移って3面になり、その翌年からは5面になりました。集団での演武ができるようになり、それだけ参加者も増えたことになります。玄関前に人が行列するようになったのは、最近のことです。マスコミ関係や会社関係の参加も

増え、雰囲気はだいぶ変わりました。

大澤：日比谷公会堂から日本武道館に場所を変えたのは、演武会を「見る」から「参加する」へと変え、広いスペースを使って多くのみなさんに演武してほしいという吉祥丸二代道主のご判断があったのだと思います。

道場長：さて、海外の普及についてもお話をお聞かせください。

昭和30年代から40年代前半に、当時の本部道場で稽古していた若手指導者たちが、海外に渡って行きました。それから10年、20年の間に、海外での基盤を作って、昭和51（1976）年に国際合気道連盟が設立されました。

宮本：道場長が述べられているように、昭和30年代頃に本部道場の内弟子、当時学生として本部道場に通われていた方々が吉祥丸二代道主のもとで、技はもちろん、精神と肉体を鍛えられ、アメリカや

■昭和20年代後半から30年代に本部道場で植芝吉祥丸二代道主に指導を受けた師範

師範	誕生年	入会年	派遣先、道場名等
田村信喜（故）	昭和8年	昭和28年	フランス、FFAB
野呂昌道（故）	昭和10年	昭和28年	フランス
藤平　明（故）	昭和4年	昭和29年	アメリカ中西部
佐々木将人（故）	昭和4年	昭和29年	本部道場師範
小林保雄	昭和11年	昭和30年	小林道場
浅井勝昭	昭和17年	昭和30年	ドイツ合気会
藤田昌武（故）	昭和12年	昭和31年	本部道場師範
山田嘉光	昭和13年	昭和32年	アメリカ、NY合気会
菅野誠一（故）	昭和14年	昭和32年	オーストラリア
渡邉信之（故）	昭和5年	昭和33年	本部道場師範
荒井俊幸	昭和11年	昭和33年	群馬県、合気道山徳道場
増田誠寿郎	昭和11年	昭和33年	本部道場師範
千葉和雄（故）	昭和15年	昭和33年	イギリス、アメリカ
市橋紀彦（故）	昭和15年	昭和33年	本部道場師範
金井満也（故）	昭和14年	昭和34年	アメリカ
栗田　豊	昭和15年	昭和34年	メキシコ
五月女　貢	昭和12年	昭和35年	アメリカ
北浦康成	昭和12年	昭和35年	スペイン
菅沼守人	昭和17年	昭和38年	九州、合気道祥平塾
遠藤征四郎	昭和17年	昭和39年	本部道場師範

ヨーロッパを中心に普及振興のために派遣されました。この功績が国際合気道連盟の設立に繋がる原点です。

大澤：国内はもとより、海外の普及振興は吉祥丸二代道主による指導者の育成があったからだと思います。昭和30年代頃から内弟子を取り、生活を共にしながら育てられました。国内外の普及において、本部道場の内弟子であった方、また本部道場で稽古をされていた方が現在の基盤を作ってくださいました。皆さん吉祥丸二代道主の指導を受け、受身を取られた方々です。（※表参照）

横田：海外の基盤を作ってくださった先達たちのご苦労は並々ならぬものがあっただろうと思います。そのおかげで、今日我々が海外に行った時に、スムーズに迎え入れてもらえる。そのことへの感謝は言い尽くせないものがあります。

宮本：吉祥丸二代道主が昭和30年代より、これからの合気道の普及振興は学生たちがカギを握ると確信され、稽古場としては環境が整備されていない各大学に手弁当で指導に行かれたと聞いております。その結果、現在140の国と地域で稽古されるまでに発展しました。このようなご尽力と実績が、褒章を受章された功績の一つだと思います。

道場長：吉祥丸二代道主は昭和62（1987）年に藍綬褒章、平成7（1995）年に勲三等瑞宝章を賜ります。また、平成4（1992）年にはバレンシア工科大学の名誉博士号を取得、平成5（1993）年にはローマ法王謁見など、吉祥丸二代道主はもとより、合気道にとっても名誉なことが続きました。

大澤：吉祥丸二代道主の普及振興のご功績のもう一つに合気道に関する刊行物や書籍の発行も大きいと思います。昭和32（1957）年の『合気道』を皮切りに、昭和34（1959）年には『合気道新聞』を発刊されました。そのあと『合気道技法』や他の技術を中心とした書籍を、また歴史書としては『植芝盛平伝』『合気道一路』、そして合気道の精神を伝えるために『合気道のこころ』を出版されました。晩年になられ思い入れを持って発刊されたのが『合気道探求』であったと思います。

道場長：それでは最後に、いま稽古中、修業中の方々へのメッセージをお願いします。

横田：常に合気道の原点に立ち返って、本物の技を学ぶ姿勢を持っていなければ、良い指導はできないと思ってきました。今はユーチューブをはじめ、さまざまな情報を通して合気道を学べます。若い方たちには、本物の指導者を通して、本物の技を学ぶことの大切さを忘れないでもらいたい。

時代も変わって、厳しくしなくてもいいという風潮もありますが、あえて自分自身で厳しさを求めて稽古する気持ちをもってもらいたい。

大澤：合気道の原点は、開祖植芝盛平翁です。しかし、私は開祖からご指導を受けたことはありません。開祖からご指導を受けられた先生方の教えや開祖が残された書物や映像で勉強しなければと思っ

てきました。開祖の教えは吉祥丸二代道主、そして守央道主へと受け継がれてきました。その受け継がれた道を大切にして稽古に励んでいただきたいと思っています。

宮本：横田師範、大澤師範が述べられた精神論は、とても大切です。では、具体的に本物の技を自分のものにするにはどうしたらいいでしょう。それはやはり稽古です。毎回、同じことを繰り返す。身体を鍛えながら、自分なりに一所懸命に解釈する。その解釈を確かめるために、さらに稽古を積む。簡単ではなく、それは辛い修業です。時には周囲から、あいつ変じゃないかと思われるくらい一つのことに没頭する時期があってもいいと思います。そうでないと何かを身につけることはできません。そのことを稽古を通して若い人に伝えたいです。

道場長：本日はお三方から貴重な体験、有意義なお話をお聞かせいただくことができました。どうもありがとうございました。

吉祥丸二代道主が手掛けた合気道に関する刊行物や書籍の一部

『合気道』

『合気道開祖　植芝盛平伝』

『合気道探求』

『合気道のこころ』

『合気道一路』

『合気道技法』

合気道本部道場創建90周年記念企画

開祖と竹下勇海軍大将 その1

竹下日記に綴られた本部道場の生い立ち

特別寄稿　山本高英（防衛省合気道連合会）

竹下勇海軍大将が残した日記には、開祖植芝盛平翁と竹下大将の繋りが綴られています。筆者である山本高英氏は海上自衛隊を退職後、その日記を解読。そこには、竹下大将が開祖とその合気道に心酔し、如何に開祖を支え、合気道の発展、本部道場建築に尽力してきたかが如実に書かれている。

（注：『植芝盛平伝』と年代等の記載について差異がありますが、本論では竹下日記に基づき記述しました）

はじめに

開祖植芝盛平翁が東京の若松町に皇武館道場（現合気道本部道場）を設置してから、今年で90年となります。京都の綾部で植芝塾を開設していた開祖を、東京に招聘したのは竹下勇海軍大将でした。開祖は皇武館道場を建築するまで何回も上京を繰り返します。そのつど、竹下大将は献身的に支援を行い、最終的に若松町に道場を建築し、皇武館道場の組織化にも大きく尽力しています。また、戦前の合気柔術（合気道と名乗ったのは昭和17（1942）年です）の発展も、竹下大将をはじめとする海軍、陸軍の門人たちが、開祖への敬意と合気柔術の魅力を感じて稽古に励んだ賜物ともいえるでしょう。

筆者は10年前に海上自衛隊を退職してから、竹下大将が残した日記を解読してまいりました。この日記は、国立国会図書館にマイクロフィルムとして保管されているものです。戦前、海軍大将といえば雲の上の存在ですが、竹下大将は自分より14歳年下で当時40代前半の開祖に対し、常に敬意を持って接してきたことが伺えます。本稿では、竹下大将が如何に開祖を支えてきたか、そして合気柔術（合気道）の発展に尽力してきたかについて紹介したいと思います。

竹下海軍大将

竹下勇海軍大将

開祖は大正8（1919）年、綾部に植芝塾を開設し、武術の指導を行っていましたが、すぐにこの武術は評判を呼び、大本教関係者以外にも広がり始めました。綾部から北東約30㎞に舞鶴という港町がありますが、ここには日本海側で唯一の軍港があり、海軍の舞鶴鎮守府（鎮守府とは、日本海軍が

●参考文献：竹下勇関連資料（竹下勇日記）、海軍の外交官　竹下勇日記（黒沢文貴、斉藤聖二、波田野勝著）、植芝盛平伝（植芝吉祥丸著）、柔道百年の歴史（講談社）、東京市芝区地籍台帳

根拠地として艦隊の後方を統括した機関で、現在の海上自衛隊では舞鶴地方総監部と呼ばれています）が置かれていました。この関係で、舞鶴に勤務する海軍軍人も道場に出入りしていたようです。

　また、当時大本教の幹部であった浅野和三郎（東京帝国大学卒、海軍機関学校の英語教官を辞めて大本教に入信、奉職しましたが、その後大本教とは決別）の兄である浅野正恭海軍中将も和三郎の影響を受け、大本教に入信し、たびたび綾部を訪れていました。この浅野正恭が海軍兵学校同期の竹下勇海軍大将に、綾部に凄い武道家がいると伝えました。

　竹下勇は明治2（1869）年に鹿児島県で生まれ、明治22（1889）年に江田島（広島県）にある海軍兵学校（現在の防衛大学校と海上自衛隊幹部候補生学校に相当）を卒業し、その後、海軍士官として艦艇勤務を重ねました。大正12（1923）年8月、53歳で海軍大将に昇任し、第一艦隊司令長官兼連合艦隊司令長官に就任、その後、呉鎮守府司令長官を経て、大正14（1925）年に軍事参議院のメンバーである軍事参議官に任命されました。

　軍事参議院は、軍事事項につき天皇の諮詢に答えるための機関で、元帥・陸海軍大臣・参謀総長・軍令部長および特に親補された陸海軍将官などによって構成されており、海軍では8名が指名されていました。

　竹下勇は、少年時代から剣道、柔道、相撲、水泳を行い、20歳台でテニスとスケートを始め、50歳になってから、スキー、ゴルフ、合気柔術を始めるというスポーツマンでした。昭和15（1940）年に合気会の前身である財団法人皇武会の初代会長に就任したほか、昭和10（1935）年に日本ヨット協会会長、昭和14（1939）年には日本相撲協会の会長（当時は会長職がありました）に就任するなど、日本のスポーツ、武道の発展に大きく貢献しています。

　海軍では昔から柔道、剣道が盛んであり、竹下も海軍大学校（海軍の上級将校の教育機関であり、学生は海軍兵学校卒業の大尉、少佐から選抜されます）の学生時代には、講道館柔道の稽古に励んでいました。

　余談となりますが、明治35（1902）年に竹下中佐（当時）は、ワシントンに日本公使館付武官として赴任した時のエピソードを紹介します。海軍大学校で竹下に柔道を指導していた山下義韶氏が柔道の普及のため渡米し、ホワイトハウスにセオドア・ルーズベルト大統領を訪問した際、顔なじみの竹下が通訳兼説明役として同行しました。ルーズベルト大統領は柔道を高く評価し、山下氏をアナポリスの米海軍兵学校の教官として採用したほか、ホワイトハウスに柔道場を作り自ら稽古したそうです。この縁で、竹下は頻繁にホワイトハウスに出入りするようになり、アポなしでルーズベルト大統領に会える関係になりました。今では信じられない話ですね。

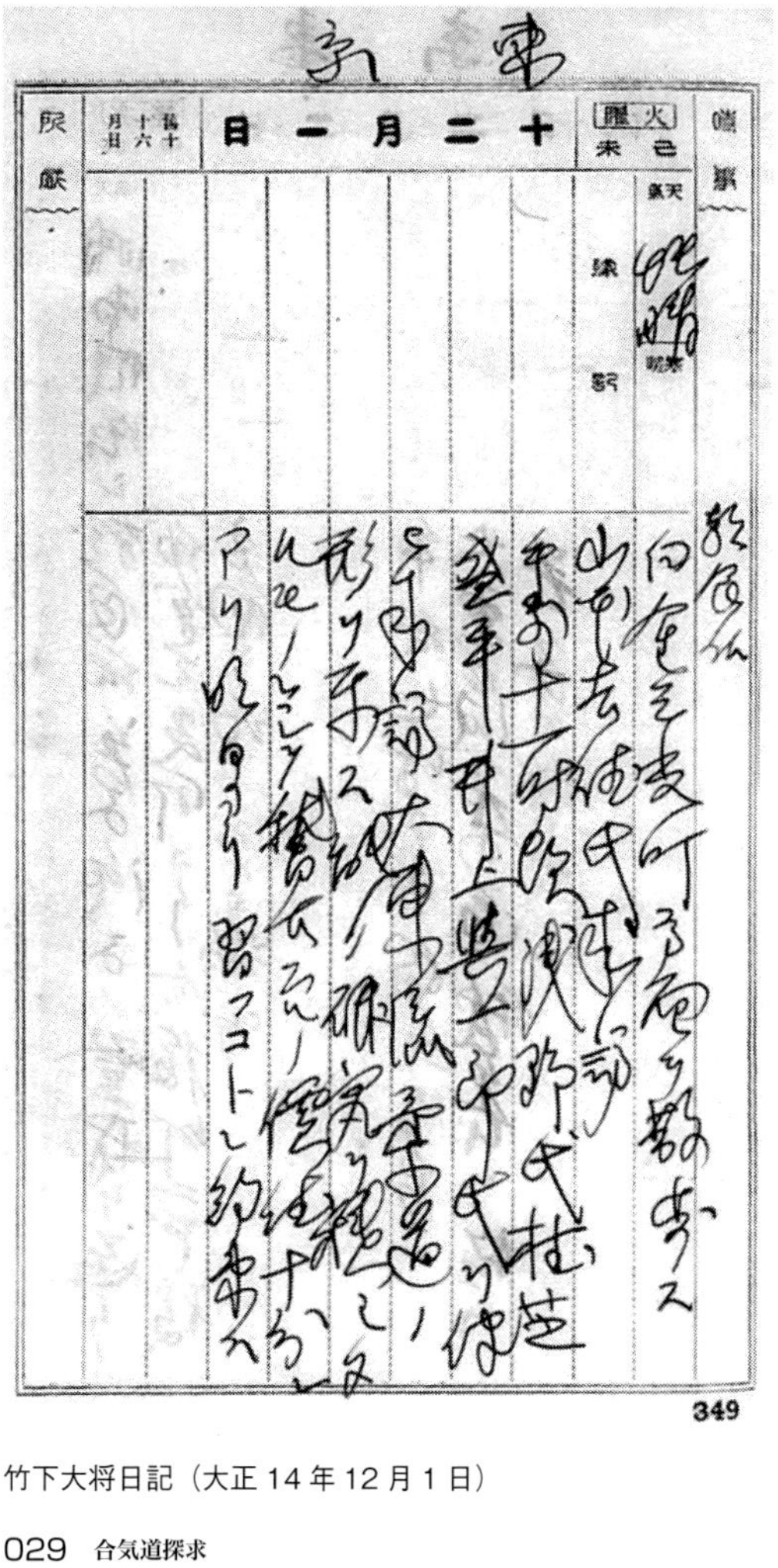

竹下大将日記（大正14年12月1日）

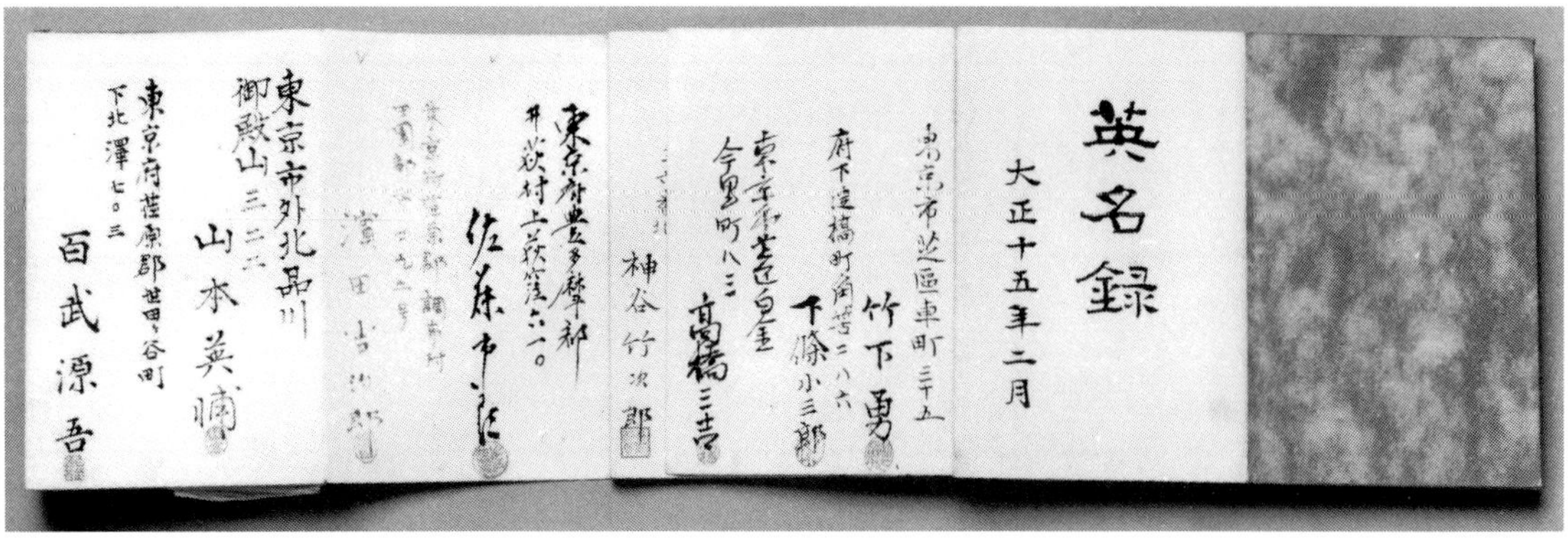

英名録

開祖と竹下大将の出会い

大正14（1925）年12月1日、開祖は浅野中将に伴われ、東京の芝車町（現在の港区高輪2丁目）の泉岳寺の山門の手前にある竹下邸を訪ねました。そこで、開祖の合気柔術の技を見た竹下勇は即座に入門し、翌日から稽古をつけてもらうことにしました。その時、開祖は41歳、竹下大将は55歳でした。その日、竹下は日記に「午前十一時頃、浅野氏、植芝盛平、井上与一郎氏ヲ伴ヒ来訪。大東流柔道ノ形ヲ示ス。能ク研究ヲ積ミタルモノニシテ稽古スルノ価値十分ニアリ。明日ヨリ習フコトヲ約束ス」と書いています。

竹下は翌日から約2週間にわたり、開祖から一ヶ条から三ヶ条までを習い、稽古のお礼として50円（現在の貨幣価値で約10万円ぐらい）を贈りました。そして、12月14日、開祖は品川から汽車に乗り綾部に帰って行きました。

後年（昭和6〈1931〉年6月26日）、竹下は合気武術修行の動機について聞かれ、「ご承知のとおり、海軍軍人である以上、予備役となっても保健に注意し、余生を有意義に送り、一朝有事の際にはできるだけご奉公したいと考えており、7年前、友人の一人が植芝守高（注：盛平の別名）先生を拙宅に案内してきたが、その技を見ると、従来自分たちが稽古していたものと全く異なり、その動作、気合、すべて戦闘術であり、型の武術ではなかった。従って、翌日（大正14〈1925〉年12月2日）よりその稽古を始め、今日に至っているが、とても良好で、身体が敏活であり力強く（単に筋力をいうのではない）なった。自分の30歳台の時よりも優れていると感じる」と答えています（当時、竹下大将61歳）。

竹下大将は開祖の技に感動を受け、翌年、大正15（1926）年の日記の冒頭に「合気柔術を通知すべき人物」として13名の名前を記載しています。ほとんどが自分の後輩の海軍士官ですが、新年を迎え合気柔術を広めたいという意気込みが伝わってきます。

開祖の再上京

大正15（1926）年2月19日、開祖は竹下に請われて甥の井上与一郎を連れて再度上京し、竹下大将の自宅を訪れました。翌日には、竹下大将の自宅で早稲田大学柔道部の久保田秀一郎（綾部まで稽古に通っていた。のちに西村に改姓）を相手に合気柔術の型を披露しました。観客は浅野中将、左近司政三海軍少将（海軍省人事局長）、高橋三吉海軍少将（軍令部第2班長）、近藤信竹海軍中佐（東宮武官兼侍従武官、のちに海軍大将）、矢野機陸軍中佐（東宮武官兼侍従武官、のちに陸軍中将）等9名でした。

竹下大将が海軍省人事局長の左近司少将に声を掛けているのは、海軍の中に合気柔術を普及しようという狙いがあったのかもしれません。

また、開祖はこの年の9月に東宮御所で職員を対象とした講習会を行っていますが、これも竹下大将の手配によるものであり、近藤、矢野両東宮武官を呼んだのも、このことを考えていたのかもしれません。

竹下大将は実業家の梅田潔氏に開祖を紹介し、四谷愛住町の暗闇坂にある邸内に開祖の住居と稽古場所を提供してもらいました。梅田は青森県三戸郡出身で、ロシアとの貿易会社を営んでおり、前年まで衆議院議員でもありました。また、満鉄の大株主であり、満鉄株主会の監事を務めていました。

開祖はここに約1か月滞在し、竹下大将たちに五ヶ条までと一ヶ条から三ヶ条の裏技や立技を伝授しました。3月19日、開祖は竹下大将宅を訪問し、奥義の巻物2巻を贈り、その日の夜、品川を発って故郷に帰って行きました。

次に開祖が上京したのは5月10日で、前回と同様に四谷の梅田邸に1週間ほど滞在したあと、5月15日には竹下大将の口利きで、実業家であり衆議院議員も務めた吉村鉄之助氏が所有する家に居を移し、稽古を開始しました。この家は竹下大将邸の近所にあり、泉岳寺山門を左に200メートル程入った突きあたりにありました。

竹下大将は毎日稽古に参加したほか、竹下大将に開祖を紹介した浅野中将、2月に開祖の演武を見た海軍軍人たちが入門し、稽古を始めました。そして、竹下大将の熱心な勧誘に加え、開祖の武術が評判となって、入門者は日に日に増加していきました。

しかし、当時はだれでも入門できるというものではなく、しかるべき人の紹介がなければ入れなかったようです。門人は海軍軍人が多く、しかもほとんどが海軍中佐以上の高級幹部でした。開祖は今回も約1か月間滞在し、6月9日に綾部に帰郷しました。

東宮御所での講習

夏の間、綾部に帰っていた開祖は、上京の要請を受け、9月25日の朝に品川に到着しました。今回は、品川の萬盛館という旅館に泊まり、竹下大将の自宅で稽古を行うことになりました。竹下大将は客間に畳を入れて仮道場を作って、稽古場を確保したようです。翌26日には、竹下邸で稽古の様子を披露しました。野間口兼雄海軍大将、有馬良橘海軍大将など7名の提督をはじめとして、柳沢保恵伯爵、寺島誠一伯爵、山本清氏（山本権兵衛元総理大臣の長男）などが見学し、感銘を受けました。

そして、9月29日から元赤坂の東宮御所において警護にあたる内舎人《うどねり》、御用掛、武官等の職員に、合気柔術を指導することになりました。御所からのお迎えの車で、開祖のほかに竹下大将と久保田秀一郎が随行し、東宮御所の道場で朝10時から11時半まで稽古を行いました。

11月7日には、山本権兵衛伯爵（海軍大将、鹿児島出身で日露戦争時には海軍大臣を務め、大正時代には2回総理大臣を務めました）が合気柔術の見学に来ました。その翌日、山本権兵衛は孫をつれ、手土産を持って開祖を訪れ、「わしは明治維新このかた、あなたほどの使い手を見たことがない。今後、鹿児島県人はあらゆる支援を惜しまないから……」と言って帰って行きました。この後、山本権兵衛の息子である山本清は竹下大将と調整を重ねながら、開祖の稽古場所を確保するために奔走し、東京での拠点作りに一役買うことになります。

※次号に続く

島津邸でくつろぐ開祖と竹下大将

年表で見る
合気道本部道場創建90周年・合気会財団設立認可80周年・植芝吉祥丸二代道主生誕100年のあゆみ

旧本部道場での開祖の指導風景(昭和37年頃)

大正10(1921)年 植芝吉祥丸、京都・綾部に生まれる(6月27日)。

大正11(1922)年 開祖・植芝盛平翁は、武道の神髄を「合気」と呼称し主唱する。

大正14(1925)年 開祖開眼。

昭和2(1927)年 植芝家、一家をあげて上京。活動の本舞台を東京に移し、芝白金猿町で指導にあたる。
吉祥丸道主、この頃より剣道を学び、鹿島神道流の古流の剣に励む。

昭和3(1928)年 植芝吉祥丸、赤羽小学校入学。

昭和5(1930)年 目白に移転。専門道場創建のため、建設募金委員会発足(4月)。

昭和6(1931)年 現在の新宿区若松町に専用道場を建設し「皇武館」と称す(3月)。

昭和9(1934)年 植芝吉祥丸、東京都立第六中学校(現:新宿高校)入学。

昭和14(1939)年 植芝吉祥丸、早稲田大学予科第二高等学院入学。

昭和15(1940)年 財団法人皇武会(初代会長竹下勇氏)発足(4月30日)。
財団法人皇武会、厚生省より寄付行為の認可が下りる。
茨城県岩間町(現・茨城県笠間市)に野外道場の設置をはかる。

昭和17(1942)年 「合気道」と呼称する。財団法人皇武会、本部道場長に植芝吉祥丸就任。

昭和18(1943)年 茨城県岩間町(現・茨城県笠間市)に合気神社建立する。

昭和20(1945)年 茨城県岩間町(現・茨城県笠間市)に合気神社付属としての茨城道場完成。

昭和21(1946)年 植芝吉祥丸、早稲田大学政治経済学部政治学科卒業。

昭和22(1947)年 財団法人皇武会を改組、再編成し、「財団法人合気会」とする。

昭和23(1948)年 財団法人合気会発足。文部省より財団法人合気会に寄付行為改正の認可が下りる(2月9日)。

昭和23(1948)年 植芝吉祥丸、土生津婧子と結婚。
植芝吉祥丸、本部道場長となる。

昭和24(1949)年 吉祥丸本部道場長を中心に本部道場の規則的な日常稽古を開始。

昭和24(1949)年 吉祥丸本部道場長、大阪商事株式会社(現みずほ証券)入社。

昭和25(1950)年 月刊合気会誌発行(4月)。
合気会誌を「合気」と改称。小冊子として年4回発行となる。

昭和26(1951)年 植芝守央、東京・新宿区に生まれる(4月2日)。

昭和29(1954)年 各支部結成、各大学に合気道クラブの結成を心掛ける。この頃より画期的な組織の発展を来たす。

昭和30(1955)年 各国大使を招き、公開演武大会開催。この頃より積極的に合気道紹介のため、巷間で説明会、演武会の開催をはかる。

昭和31(1956)年 吉祥丸本部道場長、大阪商事株式会社退社、この頃より国内外の指導が活発になる。

昭和32(1957)年 吉祥丸本部道場長により、合気道界初めての単行本『合気道』を刊行。

昭和33(1958)年 吉祥丸本部道場長、財団法人合気会専務理事に就任。

昭和34(1959)年 『合気道新聞』第1号発刊(合気会誌改称)(4月)。

昭和35(1960)年 開祖、紫綬褒章を受章。
財団法人合気会主催、第1回全日本合気道演武大会を開催(山野ホール、東京渋谷・代々木)。

昭和36(1961)年 関東(6月)・関西(9月)・全国(10月)各学連発足、防衛庁合気道連合会(12月)発足。

昭和38(1963)年 吉祥丸本部道場長、米国合気会及びハワイ合気会の招聘を受け渡米。
これより30数回にわたり、22か国を歴訪。
第3回全日本合気道演武大会(10月1日、日比谷公会堂)。
この大会以降、毎年日比谷公会堂で開催(14回まで)。
東北学生合気道連盟発足(11月)。

昭和39(1964)年 開祖、勲四等旭日小綬章を受章。

昭和41(1966)年 九州学生合気道連盟発足(4月)。

昭和42(1967)年 吉祥丸本部道場長、(財)合気会理事長に就任。

昭和43(1968)年 合気道本部道場新築落成(1月)。
合気道学校が東京都から各種学校に認可される(7月)。

昭和44(1969)年 開祖逝去(4月26日)、植芝吉祥丸、道主継承。
開祖、正五位、勲三等瑞宝章を追贈。

昭和45(1970)年 四国学生合気道連盟発足(10月)。

昭和47(1972)年 吉祥丸二代道主、日本武道館理事に就任。
吉祥丸二代道主、東南アジア各国の合気道を親善訪問。

旧本部道場に掲示された「本部道場完成図」(昭和42年)

旧本部道場前にて並ぶ開祖と吉祥丸二代道主

現本部道場の越年稽古で模範を示す吉祥丸二代道主

中・四国学生合気道連盟発足(12月)。

昭和48(1973)年 合気道本部道場増築落成(1月)。

昭和49(1974)年 吉祥丸二代道主、米国アトランタ名誉市民の称号を受ける。

昭和50(1975)年 国際合気道連盟準備委員会発足(11月)、
吉祥丸二代道主、国際合気道連盟永世会長になる。

昭和51(1976)年 全日本合気道連盟発足(5月)。
国際合気道連盟第1回総会開催(10月)。

昭和52(1977)年 日本武道協議会発足。植芝吉祥丸二代道主、常任理事に就任(4月)。
第15回全日本合気道演武大会(5月21日)。
日本武道館で開催、この年から日本武道館で開催。

昭和53(1978)年 全九州学生合気道連合会発足(11月)。

昭和54(1979)年 吉祥丸二代道主、日本武道協議会常任理事に就任(6月30日)。
第1回全日本少年合気道錬成大会開催(8月6日、日本武道館)。

昭和56(1981)年 合気道本部道場創建50周年記念祝賀会開催。

昭和58(1983)年 開祖生誕100年。

昭和59(1980)年 吉祥丸二代道主、国際武道大学評議員に就任。

昭和61(1986)年 植芝守央、合気道本部道場長に就任(1月)。
吉祥丸二代道主、藍綬褒章を受章(11月)。

昭和62(1987)年 吉祥丸道主藍綬褒章受章を祝う会を開催(3月)。
ノルウェー皇太子・妃両殿下合気道本部道場にご訪問、吉祥丸二代道主の演武をご高覧(10月14日)。

昭和63(1988)年 第5回国際合気道大会開催、
同時に「植芝盛平翁顕彰像」の除幕式を挙行(8月、和歌山県田辺市)。

平成元(1989)年 吉祥丸二代道主、米国シカゴ市を訪問、シカゴ市名誉市民の称号を受ける。
合気道として初めて「第3回ワールドゲームズ大会」に参加。

平成2(1990)年 吉祥丸二代道主、ブラジル政府より教育文化功労章を受章(4月)。
フランス政府より日仏文化の交流に寄与した功績に対し、日本人として最初のスポーツ功労賞金メダルを受賞(5月15日)。

平成3(1991)年 合気道機関誌『合気道探求』を創刊(1月)。
米国ワシントンDCより連邦議会議事堂の米国旗、名誉市民認定証、社会奉仕貢献認定証を受贈(4月)。
本部道場創建60周年・合気会財団設立認可50周年記念祝賀会を開催(11月)。

平成4(1992)年 吉祥丸二代道主、「北海道紋別郡白滝村開基80年、開村45年記念式典」で、演武披露(8月)。
吉祥丸二代道主、ブラジル・サンパウロ市より名誉市民章受章(9月28日)。
吉祥丸二代道主、スペイン・バレンシア市を訪問、バレンシア工科大学より名誉博士号の称号を授与(11月6日)。

平成5(1993)年 吉祥丸二代道主、財団法人日本武道館30周年記念式典にて、永年にわたり同館の日本武道の普及振興事業に尽力して功績に対し、感謝状を贈られる(10月)。

平成7(1995)年 吉祥丸二代道主、永年にわたる合気道の国内外への普及とこれを通じての社会貢献により、勲三等瑞宝章を受章(4月)。

平成8(1996)年 (財)合気会新理事長に植芝守央就任(7月)。

平成11(1999)年 吉祥丸二代道主逝去(1月4日)。
吉祥丸二代道主、合気道の普及振興、日本文化に貢献した功績から内閣より正五位を賜る。
植芝守央、道主継承。祝賀会を開催(10月)
守央道主、国際合気道連盟会長就任。
守央道主、全国学生合気道連盟会長就任。
吉祥丸二代道主追悼「第37回全日本合気道演武大会」開催(5月22日)。

平成13(2001)年 合気道本部道場創建70周年・合気会財団設立認可60周年記念祝賀会を開催(10月)。
開祖ゆかりの3市町村「田辺市、岩間町(現笠間市)、白滝村(現遠軽町)友好都市提携盟約調印式」が岩間町役場で行われ、守央道主が立会人をつとめる。

平成14(2002)年 全国高等学校合気道連盟設立(5月25日)。
第1回全国高等学校合気道演武大会開催(8月、東京武道館)。

平成20(2008)年 開祖ゆかりの4地区(和歌山県田辺市、北海道遠軽町、京都府綾部市、茨城県笠間市)が友好都市提携を結ぶ。

平成21(2009)年 合気神社に開祖銅像を建立。

平成24(2012)年 内閣府の認定を受け、公益財団法人に移行(4月)。
前年に起こった東日本大震災のため、1年遅れで、合気道本部道場創建80周年・合気会財団設立認可70周年記念祝賀会を開催(10月)。

平成25(2013)年 守央道主、藍綬褒章を受章(11月)。

平成27(2015)年 植芝充央合気道本部道場長に就任。

平成28(2016)年 合気会主催による、第1回指導者講習会(2月、日本武道館研修センター)。
守央道主、ローマ法王に謁見(10月)。

令和2(2020)年 和歌山県田辺市武道館・植芝盛平記念館設立
記念館名誉館長に守央道主就任。

令和3(2021)年 **植芝吉祥丸二代道主生誕100年、合気道本部道場創建90周年・合気会財団設立認可80周年を迎える。**

合気神社大祭にて。写真中央に吉祥丸二代道主、その右に当時、本部道場長だった守央道主と中学生だった充央本部道場長(平成８年頃)

特別企画　合気道　普及の歩み　7ページから続く

第4回：全日本合気道演武大会の歴史

Part2

平成7(1995)年5月27日

第33回全日本合気道演武大会：(財) 合気会、全日本合気道連盟主催、文部省、東京都教育委員会、(財) 日本武道館、日本放送協会、朝日新聞社、日刊スポーツ新聞社後援

第33回大会に来賓として出席したアントニオ猪木参議院議員（写真左）

演武大会の仕事と思い出❶

司会担当　全日本合気道連盟理事長　尾﨑 晌

昭和38（1963）年に日比谷公会堂で行われた演武大会で、19歳の私は初めて司会を務めました。大澤喜三郎師範からのお言いつけでした。控室で開祖にご挨拶に伺った時、開祖は椅子からお立ち下さり「若い人に期待していますよ」と私の左肩を叩いてくださいました。電流が走ったかのように感激しました。以来58年、ご恩に報いるために司会を続けています。

司会で肝心となるのは、開会式と閉会式です。特に開会式は、上手くいかないと、そのあと盛り上げていくのが難しい。逆に開会式でお客さまの気持ちを摑めれば、その大会は最後まで上手くいきます。それがわかっているからこそ、緊張します。

とはいえ、司会をさせていただくことを良いチャンスだと捉えてきました。なぜならば、学ぶことが本当に多いのです。まず演武大会の司会者は、ただプログラムを読んでいれば良いわけではなく、技の名前を知っていなければいけませんし、合気道の歴史も知っていなければなりません。総合的に知識があるとないとでは、言葉の伝わり方も変わってきます。そのため、ずいぶんと勉強させていただきました。

また、総合司会者は「演出する」という意識をもって演武大会を進めるのが務めです。そのため、タイミングをはかったり日本武道館の広さを考慮して声の出し方を考えたり、いかに盛り上げるかも工夫しています。特に、道主の総合演武が最高の見せ場のため、道主の入場時のナレーションがとても大事です。そして、演武終了から席に着かれるまでの時間を万雷の拍手で埋める。難しいですが、担当させていただくのは名誉なことだと思っています。

2023（令和5）年には、司会デビュー60周年を迎えます。今まで国歌斉唱の順番を間違えたり、コメントした合気道の歴史が間違っていたり、失敗もありました。しかし司会は合気道と同じで、間合い、タイミング、目に見えない呼吸を発揮できるかどうかで、上手くやれるかが決まるから面白い。私は会場のみなさんに品格、格調も伝えられるよう意識しながら、これからも演武大会成功の一助になりたいと思います。

平成4(1992)年5月23日

区切りの30回目を迎えた
第30回全日本合気道演武大会

昭和35年開催の第1回大会から32年が経ち、区切りの30回を迎えた。合気道の愛好者が国際的にも大きく増加していることを反映して、出場者はこれまでで最多となった。新緑薫るさわやかな五月晴れに恵まれ、観客も全国から続々とつめかけた。

演武は2部に分かれ、各学生合気道連盟所属の大学生を皮切りに、全国各地の師範、道場、官公庁や各企業組織の合気道部、中・高校生など様々な合気道修業者たちが入れ替わり立ち替わり日頃の鍛錬の成果を発揮。

第1部3番手には植芝守央本部道場長（当時）が自由演武を披露。そして大会最後に植芝吉祥丸二代道主による総合説明演武が行われた。

（財）合気会、全日本合気道連盟主催、文部省、東京都教育委員会、（財）日本武道館、NHK、朝日新聞社、日刊スポーツ新聞社などの後援。

開会冒頭で挨拶を述べる植芝吉祥丸二代道主。5面の演武場には恒例の学生連盟の面々が着座している

平成5(1993)年5月22日

第31回全日本合気道演武大会：(財) 合気会、全日本合気道連盟主催、文部省、東京都教育委員会、(財) 日本武道館、NHK、朝日新聞社、日刊スポーツ新聞社後援

平成6(1994)年5月21日

第32回全日本合気道演武大会：(財) 合気会、全日本合気道連盟主催、文部省、東京都教育委員会、(財) 日本武道館、日本放送協会、朝日新聞社、日刊スポーツ新聞社後援。

第35回大会で初めて、道主説明演武に植芝守央本部道場長が道主と同時に入場され、会場の熱気は最高潮に達した

平成8(1996)年5月18日

第34回全日本合気道演武大会：カナダ、シンガポール、韓国、台湾からの参加者が大会初出場し、日頃の成果を発揮。(財)合気会、全日本合気道連盟主催、文部省、東京都教育委員会、(財)日本武道館、日本放送協会、朝日新聞社、日刊スポーツ新聞社後援。

平成9(1997)年5月24日

植芝吉祥丸二代道主と植芝守央本部道場長(当時)が続いて演武披露 第35回全日本合気道演武大会

演武者数は、ロシアから約20名で来日するなど、これまでで最高に達した。

大会が大詰めを迎えると、植芝守央本部道場長(当時)の自由演武に続いて、吉祥丸二代道主が総合説明演武を行って大会を締めくくった。道主、道場長が初めて続いて演武し、会場は興奮に包まれた。

(財)合気会、全日本合気道連盟主催、文部省、東京都教育委員会、(財)日本武道館、日本放送協会、朝日新聞社、日刊スポーツ新聞社後援。

第35回大会での総合説明演武が全日本合気道演武大会での最後の披露となった植芝吉祥丸二代道主

第35回大会、ロシアからの参加者

平成10(1998)年5月16日

第36回全日本合気道演武大会：植芝吉祥丸二代道主に代わって、植芝守央本部道場長が総合演武を行った。(財)合気会、全日本合気道連盟主催、文部省、東京都教育委員会、(財)日本武道館、日本放送協会、朝日新聞社、日刊スポーツ新聞社後援。

平成に入り、海外から多数参加 世界に羽ばたく合気道

新時代が幕を開けた平成元（1989）年の第27回全日本合気道演武大会には、欧米や東南アジアといった海外からも多数の特別参加があり、演武にも「国際色」という新たな彩りが添えられるようになった。

その2年後の平成3（1991）年第29回大会には、遠くアメリカ、カナダ、スウェーデン、ソ連（当時）など各国合気道の組織単位での参加者も出てきた。特筆すべきはソ連からの参加者たちで、モスクワ大学内での合気道の稽古歴が、この時点で10年を超えていたという。そして、正式に学内組織として認定されたことを受けて、晴れて来日して演武会に初参加をしたのだった。

平成5（1993）年の第31回大会で役員代表挨拶に立った海部俊樹元内閣総理大臣は、「長い政治生活の中で、日本青年海外協力隊の発足に全力をあげて取り組み、育てて参りました。その青年海外協力隊の中の1本の大きな柱が、合気道出身の協力隊の業績です」と、合気道が生きた外交として国際交流に貢献していることを語っている。青年海外協力隊をはじめとし、このように海外へ出て合気道の精神を伝えた多くの指導者たちの努力が実り、平成の30年間を経て、令和になった今もますます合気道は世界各地に愛好者の輪を広げている。

いつの間にか、演武大会に海外からの多数の参加者が見られるのは当たり前の光景となり、彼らは合気道の精神性を理解した気迫みなぎる演武で観客を魅了してくれる。老若男女、国籍、人種を問わず、これからも合気道は世界に羽ばたいていく。

海外道場の演武も、今では当たり前の風景となった

平成12(2000)年5月27日

第 38 回全日本合気道演武大会：(財) 合気会、全日本合気道連盟主催、文部省、東京都教育委員会、(財) 日本武道館、日本放送協会、朝日新聞社、日刊スポーツ新聞社後援。

平成13(2001)年5月26日

第 39 回全日本合気道演武大会：(財) 合気会、全日本合気道連盟主催、文部科学省、東京都教育委員会、(財) 日本武道館、日本放送協会、朝日新聞社、日刊スポーツ新聞社後援催。

平成14(2002)年5月25日

第 40 回全日本合気道演武大会：(財) 合気会主催、全日本合気道連盟協賛、文部科学省、東京都教育委員会、(財) 日本武道館、日本放送協会、朝日新聞社、日刊スポーツ新聞社後援。

第 40 回大会での高校生の演武には、女性の姿が多く見られた

第 40 回大会には、ロシア元首相のキリエンコ氏も参加

平成15(2003)年5月24日

第 41 回全日本合気道演武大会：(財) 合気会主催、全日本合気道連盟協賛、文部科学省、東京都教育委員会、(財) 日本武道館、日本放送協会、朝日新聞社、日刊スポーツ新聞社後援。

平成16(2004)年5月22日

第 42 回全日本合気道演武大会：(財) 合気会主催、全日本合気道連盟協賛、文部科学省、東京都教育委員会、(財) 日本武道館、日本放送協会、朝日新聞社、日刊スポーツ新聞社後援催。

平成17(2005)年5月28日

第 43 回全日本合気道演武大会：(財) 合気会主催、全日本合気道連盟協賛、文部科学省、東京都教育委員会、(財) 日本武道館、日本放送協会、朝日新聞社、日刊スポーツ新聞社後援。

平成18(2006)年5月27日

第 44 回全日本合気道演武大会：(財) 合気会主催、全日本合気道連盟協賛、文部科学省、東京都教育委員会、(財) 日本武道館、日本放送協会、朝日新聞社、日刊スポーツ新聞社後援。

平成11(1999)年1月4日

植芝吉祥丸二代道主逝去、植芝守央本部道場長が道統を継ぐ

平成11(1999)年5月22日

植芝吉祥丸二代道主追悼大会
第37回全日本合気道演武大会

平成 11（1999）年 1 月 4 日に亡くなられた植芝吉祥丸二代道主の遺徳と業績を偲んでの追悼演武大会となり、会場正面には縦 1.5 メートル、横 1 メートルの遺影が飾られ、演武者はその遺影に見守られながら吉祥丸二代道主への思いを胸に演武を繰り広げた。

はじめに全員が起立し、故吉祥丸二代道主に黙禱を捧げた。開会式では、道統を継いだ植芝守央道主が「こうして毎年盛大に演武大会を開催できることは、合気道に生涯を捧げられた吉祥丸二代道主のお力にほかならない」と挨拶した。

開会式終了後の演武は、関東学生合気道連盟加盟 44 校約 160 名による若さ溢れる演武で幕を開けた。道場演武（115 道場）、地域団体演武（20 団体）、社会人団体・連盟演武（50 団体）、文化センター演武（14 団体）、大学生演武、高校生演武、少年演武、海外から参加の海外道場演武（12 団体）、そして師範演武が日本武道館のアリーナに作られた 5 面の畳の上で約 5 時間にわたり熱演。

最後に植芝守央道主が立技、座技、半身半立技、太刀取り、杖取り、多人数掛けの演武で締めくくった。そして午後 5 時半に、杉本良三合気会幹事による閉会の辞で散会となった。

（財）合気会、全日本合気道連盟主催、文部省、東京都教育委員会、（財）日本武道館、日本放送協会、朝日新聞社、日刊スポーツ新聞社後援。

故植芝吉祥丸二代道主に黙禱を捧げる

道主として初めて総合演武を披露する植芝守央道主

平成22(2010)年5月22日

連盟推薦の指導者演武始まる
第48回全日本合気道演武大会

現在に至るまで恒例の各地域の指導者演武は、この回から始まった。指導者演武を始めたのは、若手の指導者層に全日本合気道演武大会での演武の機会を作るためである。人選にあたっては、まず50歳未満で四～六段の段位を持ち、各道場で指導に携わる、または熱心に稽古している人を都道府県合気道連盟に推薦してもらった。

（財）合気会主催、全日本合気道連盟協賛、文部科学省、東京都、（財）日本武道館、日本放送協会、朝日新聞社、日刊スポーツ新聞社後援。

平成19(2007)年5月26日

第45回全日本合気道演武大会：（財）合気会主催、全日本合気道連盟協賛、文部科学省、東京都、（財）日本武道館、日本放送協会、朝日新聞社、日刊スポーツ新聞社後援。

第45回大会の開場を待つ参加者で入口は長蛇の列となった。5面の演武場から人が溢れるばかりだ

演武大会の仕事と思い出❷

会場設営・渉外担当　栗林孝典師範

昭和61（1986）年に合気会に奉職して以来、日本武道館との折衝を担当させていただくようになりました。演武大会前年の6～7月に翌年の使用申請をして、使えるかどうか確定するのが同じ年の9月ですが、毎年恒例の日本武道九団体の行事は優先的に使用スケジュールに入れていただいています。

ほかに、パンフレットに祝辞をいただく仕事も担当していますが、都知事や大臣をはじめ政治家の方々が多いので、選挙の時期が重なると苦労することもあります。せっかく祝辞をいただいて準備していても、演武大会当日には選挙結果によって人が変わってしまったケースも経験しました。

会場の設営は、設営業者のシミズオクトさんと学生諸君の協力を得て長年やっていますが、平台に木枠を置いて畳をはめるという基本的な設営方法はあまり変わっていません。最近は朝7時集合ですが、以前は徹夜で設営作業をし、学生たちと小道場で寝たこともありました。

演武大会の仕事と思い出❸

進行担当　小林幸光師範

進行を担当するようになって34～35年になり、現在は責任者を仰せつかっています。

進行の仕事では、まず当日までに参加団体へ郵送で、演武の順番と集合時間を伝えておきます。しかし当日は、何かの事情で遅れてしまうこともあり、進行どおりに進めていくために苦心します。また最近では、避難訓練も行うようになっています。

進行の手伝いは、基本的に学生に担当してもらっています。朝8時に集合し、8時30分から進行のリハーサル。演武が始まると、太鼓の合図に合わせてアリーナの5面の道場に演武者を誘導、入れ替えなどを行います。私がタイムキーパーとなってGOを出しており、それをトランシーバーを持った3人が現場の誘導員に指示する形です。

全体的に作業としては単純ですが、みなさんに時間を守っていただいてはじめて順調に終わる仕事です。

平成20(2008)年5月24日

植芝充央本部道場長補佐(当時)が演武初披露
第46回全日本合気道演武大会

師範、支部道場、地域連盟、学生連盟、中・高校生、少年部、文化センター、社会人団体、本部一般、防衛省連合会、合気道学校、海外道場が参加。

特筆すべきは、現本部道場長である植芝充央本部道場長補佐（当時）が、全日本合気道演武大会で初めて演武を披露したことである。最後に植芝守央道主が総合演武を披露。大会副会長の磯山博全日本合気道連盟理事長の謝辞をもって、5時間を超す大会の幕を閉じた。

（財）合気会主催、全日本合気道連盟協賛、文部科学省、東京都、（財）日本武道館、日本放送協会、朝日新聞社、日刊スポーツ新聞社後援。

「基本技・投げ技」に出場した植芝充央本部道場長補佐（当時）

平成21(2009)年5月23日

第47回全日本合気道演武大会：（財）合気会主催、全日本合気道連盟協賛、文部科学省、東京都、（財）日本武道館、日本放送協会、朝日新聞社、日刊スポーツ新聞社後援。

平成24(2012)年5月26日

節目となる第50回大会
第50回全日本合気道演武大会

主催者挨拶で植芝守央道主は、「第1回大会は昭和35（1960）年に山野ホールで開催され、出場者は180名だった。それから50年、出場者はその50倍になっている。この大会を受け継いでいる私どもは、ただ規模を大きくするだけでなく、内容の豊かな大会にしていきたい」と述べた。

演武では、師範、支部道場、地域連盟、学生連盟、中・高等学校、少年部、文化センター、社会人団体、本部一般、防衛省合気道連合会、合気道学校のほか、海外3道場などが出場。最後に植芝守央道主が総合演武を披露した。

演武後は、大会副会長・古藤昇司常務理事の「この節目の年を機に、来年からまた、60回大会、100回大会に向かって植芝道主を中心に頑張る所存でございます」という閉会の辞で締めくくられた。

（公財）合気会主催、全日本合気道連盟協賛、文部科学省、東京都、（公財）日本武道館、日本放送協会、朝日新聞社、日刊スポーツ新聞社後援。

5時間を超える演武は会場中を熱気に包んだ

平成25(2013)年5月25日

第51回全日本合気道演武大会：（公財）合気会主催、文部科学省、東京都、（公財）日本武道館、日本放送協会、朝日新聞社、日刊スポーツ新聞社後援、全日本合気道連盟協力。

平成26(2014)年5月24日

第52回全日本合気道演武大会：（公財）合気会主催、文部科学省、東京都、（公財）日本武道館、日本放送協会、朝日新聞社、日刊スポーツ新聞社後援、全日本合気道連盟協力。

平成27(2015)年4月1日

植芝充央氏は、（公財）合気会合気道本部道場長、（公財）合気会合気道茨城支部道場長に就任

平成23(2011)年5月28日

大震災復興へ向け演武を捧げる
第49回全日本合気道演武大会

この年の3月11日に東日本大震災が日本を襲ったため、開会に先立ち、震災で亡くなられた方々に黙禱が捧げられた。また被災地からの参加者もあり、駆け付けた1万人の観客に勇気を与えた。一方、植芝守央道主は主催者挨拶で、犠牲になった人々や断腸の思いで出場を断念した人にも想いを寄せている。

演武は、出場者全員が一丸となり、復興へ向けて力強く演武を捧げた。大会開催中には義援金の募集が行われ、道主も来場者へ声をかけ多くの募金が集まった。

（財）合気会主催、全日本合気道連盟協賛、文部科学省、東京都、（財）日本武道館、日本放送協会、朝日新聞社、日刊スポーツ新聞社後援。

西口・北口の玄関前で義援金の募集が行われた

第31回大会のユーゴスラビア大使を初め来賓として各国大使が来場

平成5（1993）年に開催された第31回全日本合気道演武大会に、ユーゴスラビア大使とスロベニア共和国大使が来賓として来場した。以来、全日本合気道演武大会には毎回、各国大使が来賓として訪れている。

演武大会を観覧した各国大使は、それぞれに楽しんでいるようだ。平成12年（2000）年の第38回大会来賓のカナダ大使館公使デニス・コモ氏は「動きがとてもエレガントで姿勢が良い。私もやってみたくなりました」と興味を示し、平成13（2001）年の第39回大会来賓のウズベキスタン共和国大使シャイホフ・アリシェル氏は「今後、組織作りに力を入れ、この武道を私の国に根付かせたいと願っています」と将来を見据えた。

その後も、来場する大使たちの国は多岐にわたり、いかに合気道が国際的な広がりを見せているのかが、その国名を見ると感じられる。そして熱心に見学する姿には、単に「異文化への興味」だけではなく、武道への敬意も込められている。

海外にも愛好者が増え、諸外国の大使にも来賓として演武を楽しんでいただける。国内にとどまらず合気道が広く愛されているからこそ、これからも、演武大会を通してその真髄を体現していかなければならない。

令和元(2019)年5月25日

第57回全日本合気道演武大会：（公財）合気会主催、スポーツ庁、東京都、（公財）日本武道館、日本放送協会、朝日新聞社、日刊スポーツ新聞社後援、全日本合気道連盟協力。

令和2年(2020)年5月16日

コロナウイルス禍により、開催延期となる第58回全日本合気道演武大会

第58回大会は、東京オリンピック・パラリンピック開催（延期）の関係で日本武道館が使用できないため、群馬県高崎市の高崎アリーナでの開催を予定していた。しかし、新型コロナウイルスの感染拡大の影響により、開催は延期となった。

演武大会の仕事と思い出⑤

実行委員長　宮本鶴蔵師範

10年ほど前から、実行委員長を担当しております。実行委員長の打診を受けた時には、とんでもないことだと驚きました。しかし、演武大会のレールはしっかりと敷かれていましたので、実行委員長だからと気負うことなく、多くの皆様に演武をしていただこうと思いました。

全日本合気道演武大会は、年々充実した会になっております。これは、翁先生が創立された合気道が二代道主植芝吉祥丸先生により普及振興され、現道主植芝守央先生により組織体制を整備されて来られたからです。

主なもので全日本合気道連盟、国際合気道連盟、全国学生合気道連盟、防衛省合気道連合会、全国高等学校合気道連盟等があります。また、社会人団体、文化センター等、時代の流れに沿った団体が生まれました。これらの連盟や団体がうまく作用して年々充実した大会になっております。

なかでも印象に残っているのは、平成3（1991）年5月25日の第29回大会で、翌日に大澤喜三郎先生が亡くなられ合気道に対する強い思いを感じました。また、吉祥丸道主の亡くなられた平成11（1999）年の第37回は追悼大会となったことが特に心に残っています。実行委員長になってからは、平成21（2009）年春の新型インフルエンザ、平成23（2011）年の東日本大震災の際には演武大会への出場が懸念されましたが、例年どおり皆様に演武していただけました。また、平成20（2008）年の第46回大会は植芝充央現本部道場長が演武に初出場されて、演武大会がより一層充実したものになりました。

演武に向けては普段の稽古が大切です。その中において、昇級昇段審査や講習会なども経験するでしょう。それらを経て、特に若い演武者の方には自分の合気道に対する考え方や思いを演武で表現して、集大成の場にしていただきたいです。

これまで、本部道場を中心とする幹事会、また本部会員の方々、各連盟など、多くの人たちに支えられて全日本合気道演武大会は開催されてきました。大会を開催するにあたり、全国の先生方、会員の皆様方にお礼申し上げます。これからも演武大会を通して合気道の普及振興に努めたいと思います。

平成27(2015)年5月23日

第53回全日本合気道演武大会：（公財）合気会主催、文部科学省、東京都、（公財）日本武道館、日本放送協会、朝日新聞社、日刊スポーツ新聞社後援、全日本合気道連盟協力。

平成28(2016)年5月28日

第54回全日本合気道演武大会：（公財）合気会主催、スポーツ庁、東京都、（公財）日本武道館、日本放送協会、朝日新聞社、日刊スポーツ新聞社後援、全日本合気道連盟協力。

平成29(2017)年5月27日

第55回全日本合気道演武大会：（公財）合気会主催、スポーツ庁、東京都、（公財）日本武道館、日本放送協会、朝日新聞社、日刊スポーツ新聞社後援、全日本合気道連盟協力。

平成30(2018)年5月26日

第56回全日本合気道演武大会：（公財）合気会主催、スポーツ庁、東京都、（公財）日本武道館、日本放送協会、朝日新聞社、日刊スポーツ新聞社後援、全日本合気道連盟協力。

演武大会の仕事と思い出④

警備担当　菅原 繁師範

警備は、本部道場の幹事と一般会員、学連加盟の大学生を中心とした構成メンバーで行っています。

以前は幹事と学生で行っていましたが、年々演武者が増え、観客も増えてくると、警備の対応も怪我人や急病人、車椅子で来場された方への対応など多岐にわたるようになってきました。そこで平成18（2006）年の第44回大会以降は、本部道場の一般会員にもお願いして、学生には難しい来場者へのケアに当たってもらっています。徐々に警備人数を増やしており、今は一般会員100名、学生120～130名で警備を行っています。

平成23（2011）年の東日本大震災後、大会を開催するにあたり、自然災害への様々な対応を考慮する必要が強まり、避難誘導、場外警備がより一層重要視されるようになりました。不測の事態を想定し、他の係と連携して会場の皆様の安全を確保するため、全体がどう動くのか、どう対応するのか、非常に重要です。

3人一組で1か所の警備を担当するようにして、常時2人で警備、1人は休憩とシフトを組んでいます。大会1週間前には本部道場幹事と一般会員の担当者とで本部道場に集まり、警備を行う場所の確認や担当場所の割振り、非常時の行動と心構えなど、警備全体の打ち合わせを行います。警備はポジションやエリアだけで動くのではなく、全体を見なければなりません。

幹事の方々が長年積み上げてこられたノウハウがありますし、毎年のように警備をしてくださる一般会員も多いので本当に感謝しています。

第10回

誌上講習会

正面打ち第二教（小手回し）、正面打ち第三教（小手ひねり）

合気道本部道場長　植芝充央

受け：松村 光（本部道場指導部指導員）

誌上講習会では、植芝充央合気道本部道場長が各地で行っている講習を、本誌面にて再現します。今回は、「正面打ち」の第二教と第三教を講習します。第二教は小手回し、第三教は小手ひねりという違いがあり、どちらも合気道を代表する技法の一つです。初心者はもちろん高段者もしっかりとおさえていただきたい技です。

■正面打ち第二教（小手回し）　表

3～4の持ち替えを別角度から見る

1 相対する。
2～3 受けの正面打ちを前進しながら制し、斬り下ろす。
4 受けの小手を回すようにして握る。
5～7 前進し、受けをうつ伏せにする。
8 受けの肩を両膝で挟むように跪座になり、肩関節を極め制する。

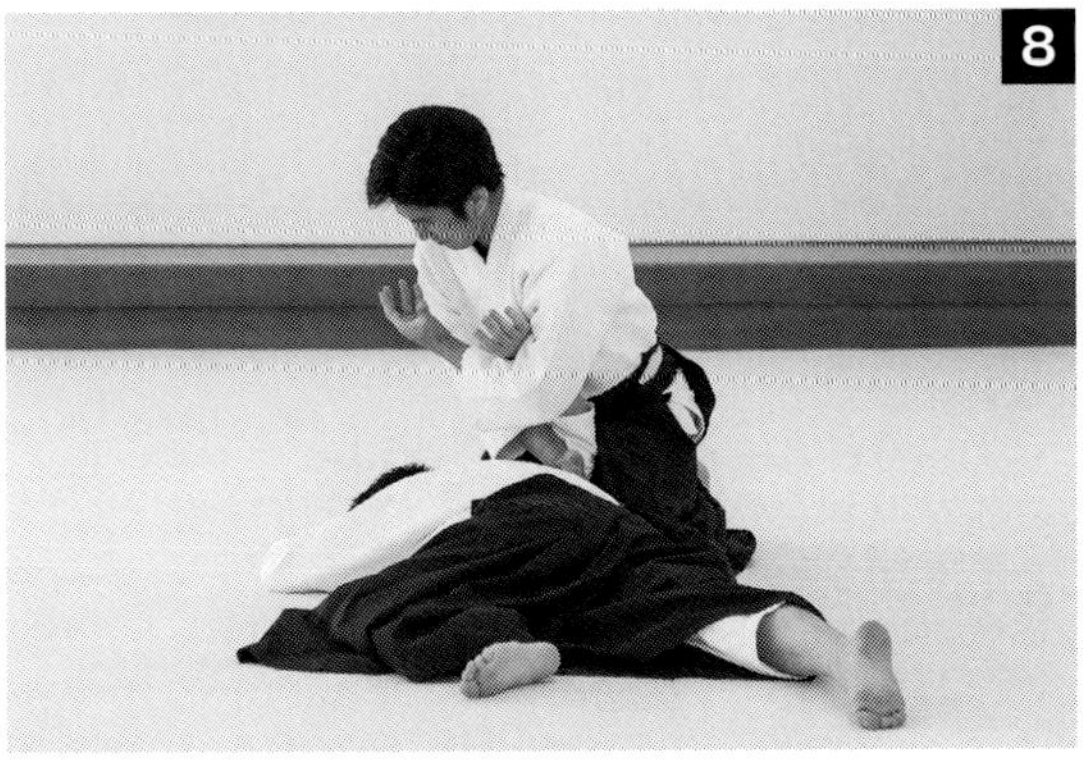

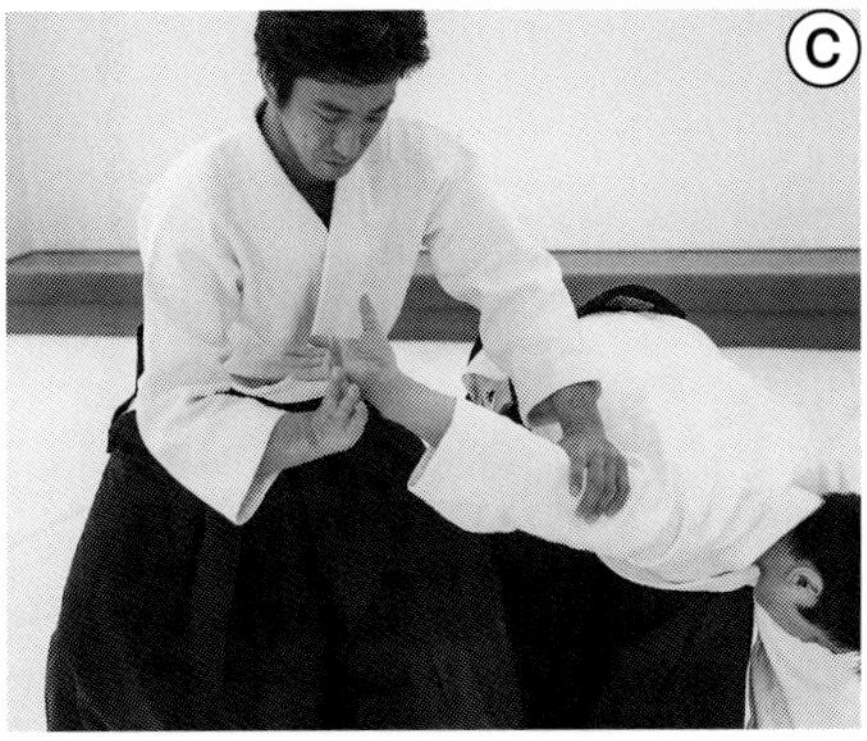

Ⓐ～Ⓓ手刀を受けの手首につけ、受けの小手を下から回すように握る

■正面打ち第二教（小手回し）　裏

1

2

3

4

7

8

5～7の極めを別角度から見る

A

B

C

1 相対する。
2～4受けの正面打ちを入身転換で捌き、斬り下ろしながら制する。
5 受けの小手を回すようにして握る。
6～7小手を肩口につけ、受けの手首と肘関節を曲げ、手首関節を極める。
8～10受けをうつ伏せにし、肩関節を極め制する。

10の抑え方を別角度から見る

Ⓔ跪座になり、両膝で受けの肩を挟み、両手で受けの腕を身体に密着させ、肩関節を極め制する

Ⓐ～Ⓓ受けの側面に入身し、小手を肩口につけ、手首関節を極める

■正面打ち第三教（小手ひねり） 表

1 相対する。
2〜4 受けの正面打ちを前進しながら制し、斬り下ろす。
5 受けの小手を巻くように返す。
6 受けの肘を制している手で、受けの小手を握る。
7〜8 受けの小手をひねり下ろし、肘を制する。
9〜10 転換し、受けをうつ伏せにする。
11〜12 両手の握りを変え、受けの肩関節を極め制する。

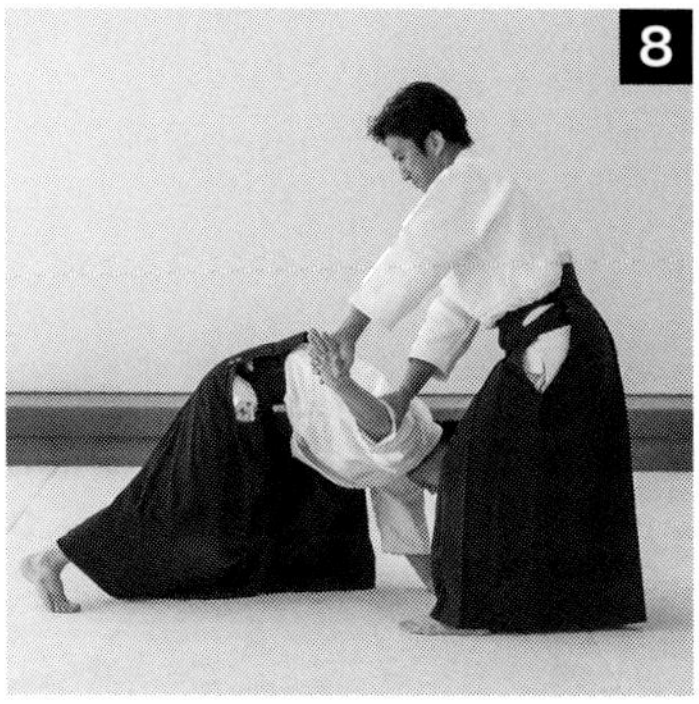

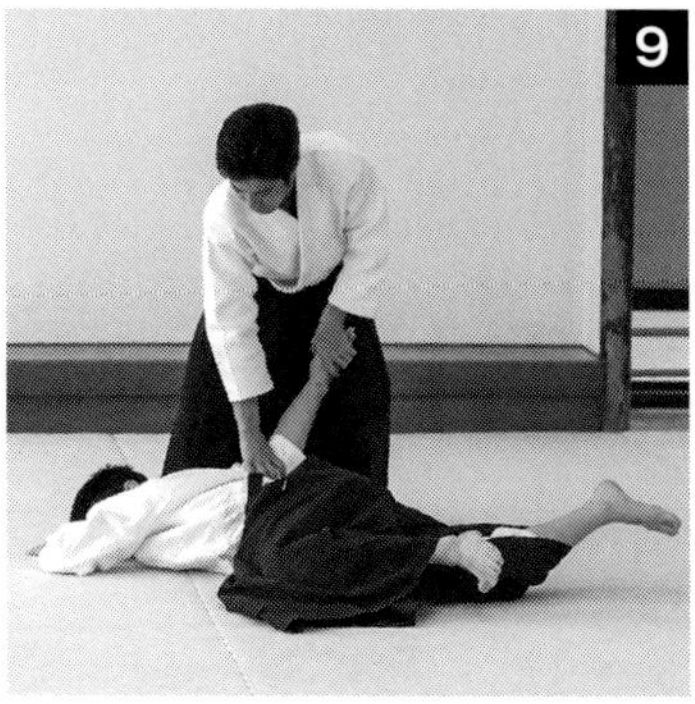

7〜8の体捌きを別角度から見る

Ⓔ〜Ⓖひねり下ろしたら、入身をし、肘を制す。その後、転換する

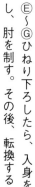

Ⓐ〜Ⓓ手刀を制している手で、受けの小手を巻くように握り、肘を制している手で握り替え、ひねり斬り下ろす

4〜7の小手の持ち替えを別角度から見る

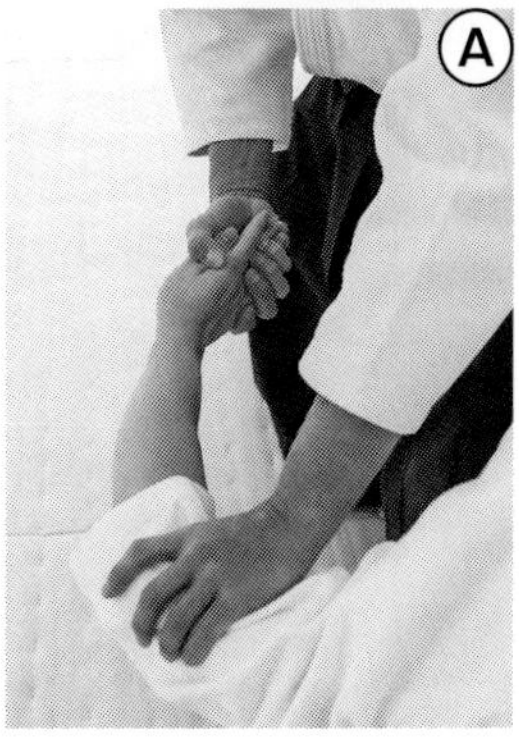

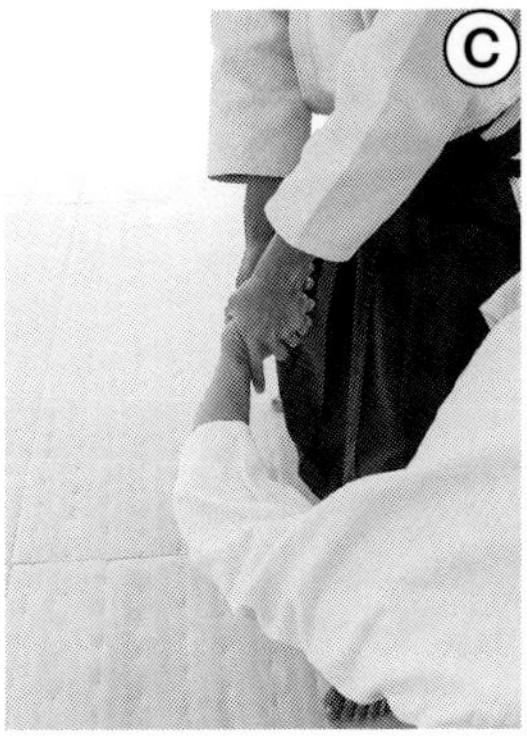

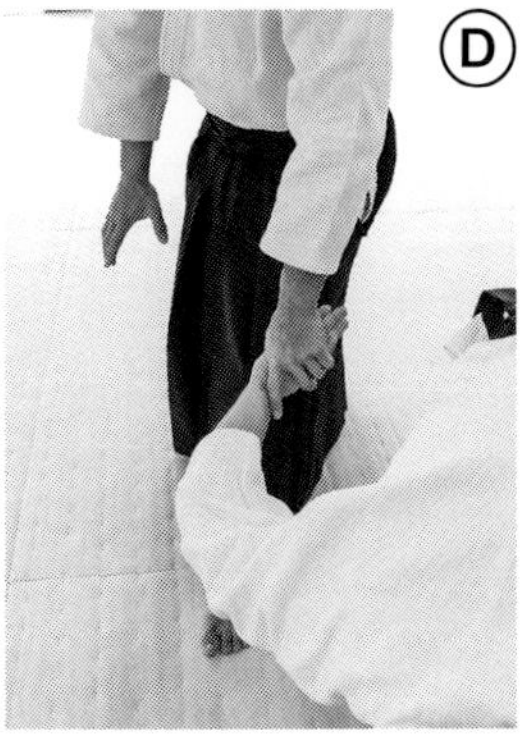

12の抑え方を別角度から見る

受けの手首のひねりを緩めず、跪座になり、両膝で受けの肩を挟み、肩関節を極め制する

■正面打ち第三教（小手ひねり）　裏

1 相対する。
2～3 受けの正面打ちを入身転換で捌き、斬り下ろしながら制する。
4 受けの小手を巻くように返す。
5 受けの肘を制している手で、受けの小手を握り、ひねり斬り下ろす。
6～9 受けの側面に入身し肘を制し、転換しながらうつ伏せにする。
10～12 両手の握りを変え、受けの肩関節を極め制する。

1

2

3

7

8

9

5～9の体捌きを別角度から見る

A

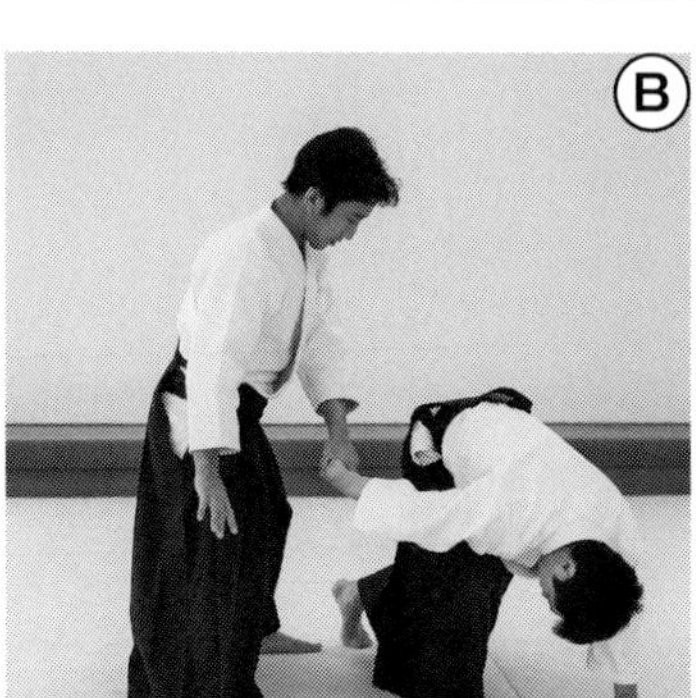
B

C

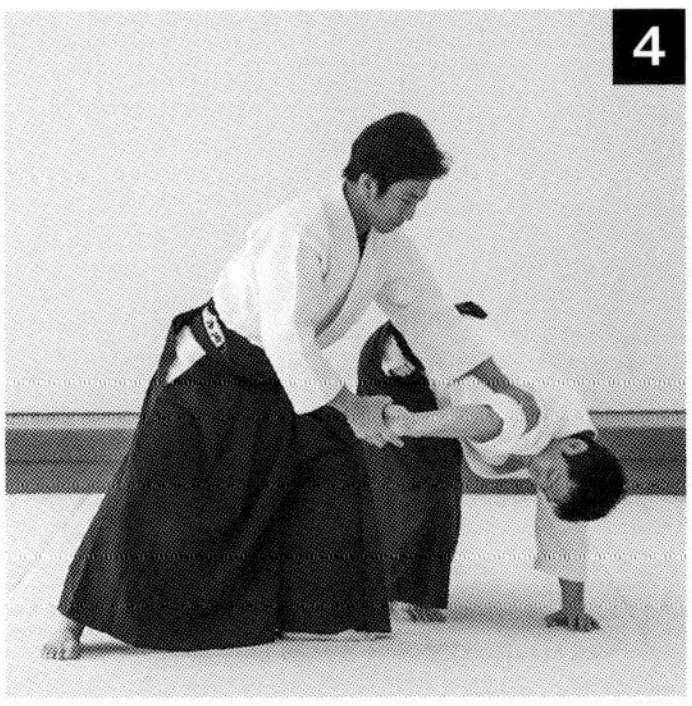

4

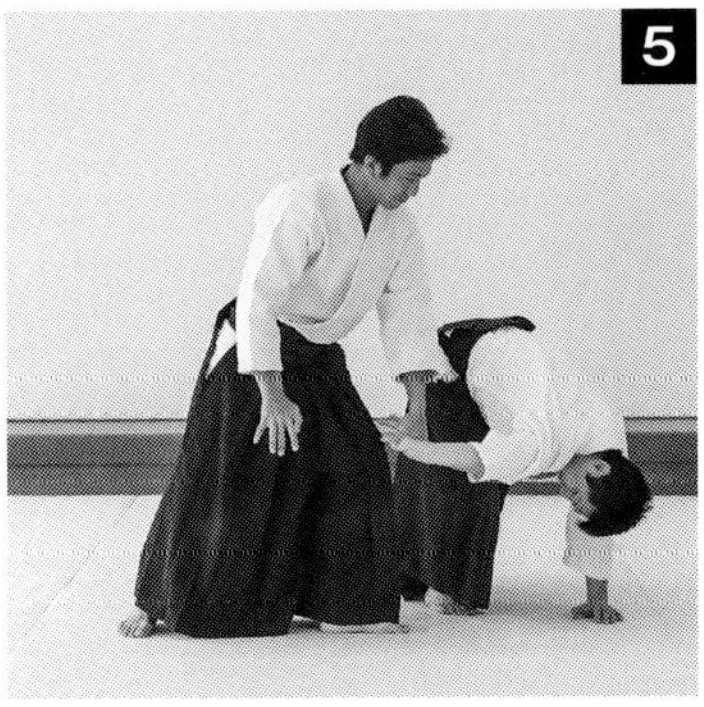

5

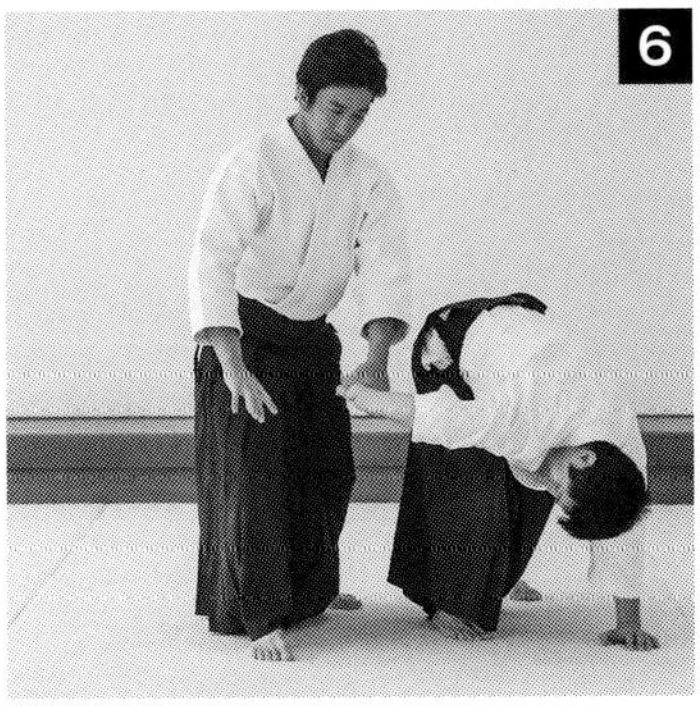

6

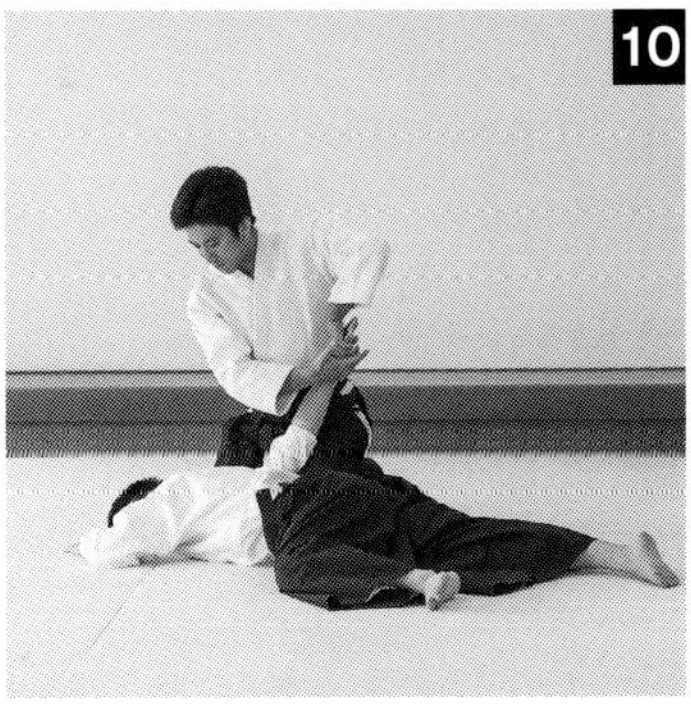

10

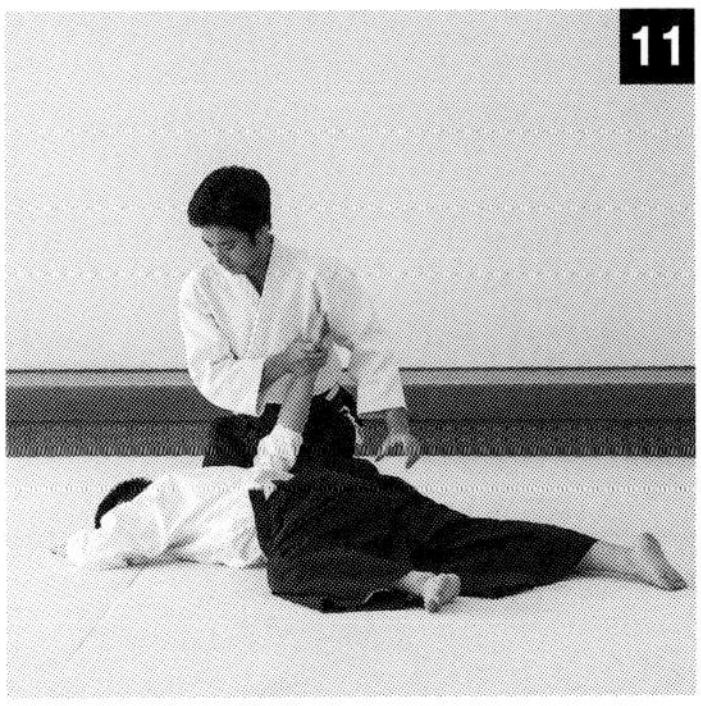

11

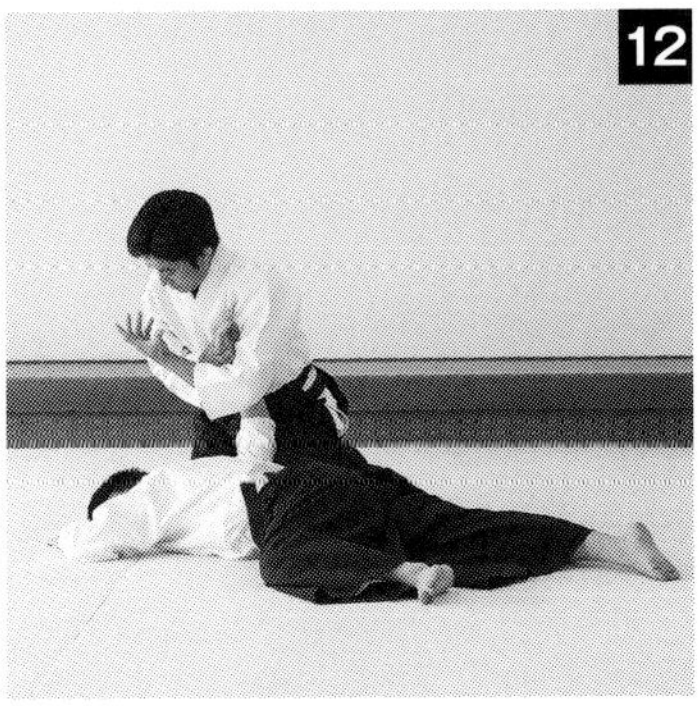

12

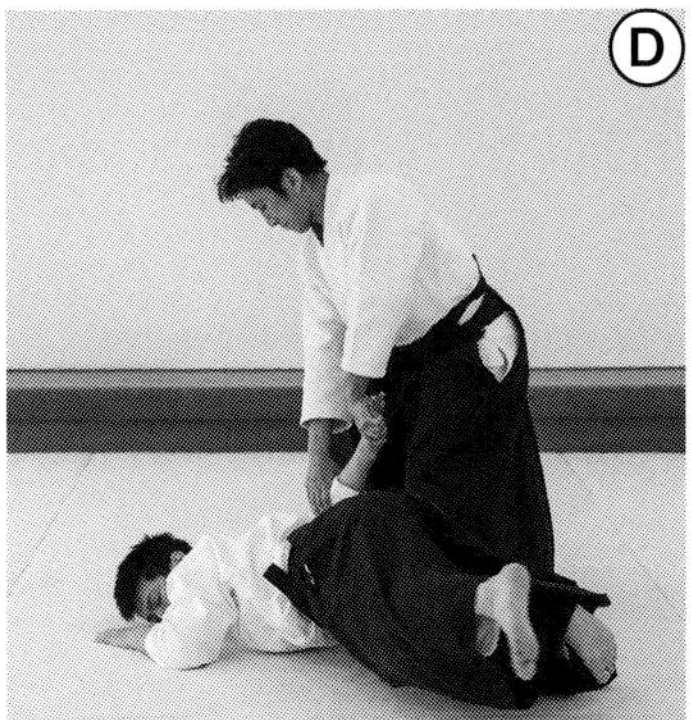

Ⓓ

Ⓐ〜Ⓓひねり下ろしたら、受けの側面へ入身し肘を制する。転換の体捌きで受けをうつ伏せにする

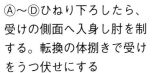

師範の横顔 Vol.46

合氣道青森県武道館道場長

田邊孝美 七段

合気道は素晴らしい世界への案内人。その精神を日頃の稽古から感じ取る

昭和24（1949）年12月17日
青森県青森市生まれ
昭和43（1968）年4月
拓殖大学入学。合気道部入部
平成19（2007）年1月
合氣道青森県武道館道場創設
現在、青森県合気道連盟会長、東北合気道連盟副会長、全日本合気道連盟評議員、青森県合気道段位審議委員会副会長
更生保護法人青森県更生保護協会常務理事

小中高と弱虫でいじめられっ子だった少年は、半ば強制的に合気道部に入部。数年後、地元青森に戻り、合気会青森支部道場で稽古を続け、58歳にして「合氣道青森県武道館道場」を創設。いじめられっ子は、合気道精神と、「不撓不屈」を座右の銘として、青森県合気道連盟会長を務めるまでになる。

一大決心で入部した合気道が人生を変えた

――合気道を始められたきっかけ、出合いをお聞かせください。

田邊師範　昭和43（1968）年拓殖大学に入ると、学ランを着た総髪に角帽を被った人間が広場にいっぱいいる。今思えば、その広場の名前は、かの有名な『三国志』の舞台として登場する「五丈原」でした。まさに拓大の校風そのものの場で、「おぬしは入る部は決まったか」と聞かれ、部室に連れて行かれました。

私は小中高とずっといじめられっ子で、メガネ掛けて体も貧弱でした。そんなこれまでの人生を変えられるかなと一晩悩み、夢遊状態で部室の前にいました。稽古は厳しかったですが、地獄の4年間と思いきや、実はめちゃくちゃ楽しかったです。

その時の監督が寺田精之先生、コーチが松尾忠敬先生でした。

――卒業後は、どちらで合気道は続けられていたのですか。

田邊師範　大学を卒業して、地元のATV青森テレビに就職しましたが、6年間東京支社勤務でした。その間は、取引先の合気道部や少林寺拳法部で稽古していました。

27歳で青森市の本社に戻り、合気会の青森支部道場に入門しました。高坂孝之進先生が青森支部長で、青森県支部並びに東北合気道連盟を作られた白田林二郎先生に指導していただきました。植芝吉祥丸二代道主が、若い頃の現道主を伴われて指導にいらしたこともありました。

拓大の仲間との成人式での記念写真。一番右に立っているのが、田邊道場長

――田邊先生が指導を始められたのは、いつからですか。

田邊師範　青森支部道場で30歳頃から指導をしていましたが、50歳の平成12（2000）年にライバル局のRAB青森放送のカルチャー教室担当者が私の友人で、

合氣道青森県武道館道場の稽古生に囲まれた田邊道場長（前列左から４人目）

合気道教室で指導することになりました。５年後には五所川原支局に転勤し、またカルチャー教室で教えました。そして今の弘前市へ転勤した頃、新築された青森県武道館を稽古場所として平成19（2007）1月14日に合氣道青森県武道館道場を創設しました。

重心を盤石にし、効く技を掛けられるように

——指導するうえで心掛けていることは、何でしょうか。

田邊師範　教える立場ですから、相手の立場になってよく考えます。健康目的、体力作り、精神力を鍛える、それとも全部か、相手の目的に合わせた指導です。子供は60分、大人は90分稽古しますが、道場は２時間取ってあるので、残りの30分は自由稽古。要望があれば、個人指導も行う。昇級昇段審査が近づくと居残りで稽古する人は多いですね。

——指導の根幹としていることは、どのようなことでしょう。

田邊師範　指導の根幹は、安定した下半身作りです。重心を盤石にすることで、効く技を掛けることができます。逆を言えば、相手の重心を高くして、不安定にすることを心掛けさせています。

好むと好まざるとにかかわらず、例えば愛する人を守るため、戦わざるを得ない時、技が効かなければ命取りになる。そのため、受けの人には、技が効かなければ受けを取らなくていいと指導しています。とはいえ、ただ効かないと言うだけでは相手は自信をなくしてしまうので、上級者は効かない理由と効く方法を指導して、最後には自信を持たせてあげなければなりません。

また、どうして試合はないのかとよく聞かれます。そんな時は、「どうしても勝ちたいなら、相手はいるよ。誘惑に負ける弱い自分に勝ちなさい」と。そういう人たちも、そのうち、合気道の魅力に惹かれていきます。合気道には「精神」という奥の深いものがあります。稽古生はその精神を社会に持って帰り、良い生活を送っていると考えます。合気道をしている人は、敵が少ないのもそのためでしょう。

保護司の仕事に合気道の阿吽の呼吸を生かす

——道場の稽古方針で、「当身七割」を重視するのはなぜですか。

田邊師範　開祖は「当身七割、技三割」と言われていたそうです。「当身は当てろ」と、先輩方にもよく言われました。当たったら油断している方が悪いと。うちの道場でも、当身を重視しています。体に力を入れずに全身のバネを使って当身する。軽く相手がグラッとすれば良いと指導しています。

——田邊先生は保護司をされているそうですね。

田邊師範　ええ、テレビ局の仕事のほか、保護司をしています。保護司が対象者と面接する時は、合気道の阿吽の呼吸を生かすのがい

いと考えます。相手の体調、気、すべてを読んで、速やかに投げる技です。合気道をやっている人は、保護司に向いていると思います。なんといっても合気道の基本は捌きですから。

私の弟子の3～4人は保護司になっています。定年になったら、社会との結びつきは薄くなります。合気道を生かせますし、社会との繋がりを作っておくと認知症になりにくい。ライフワークとして保護司をやると人生は充実します。

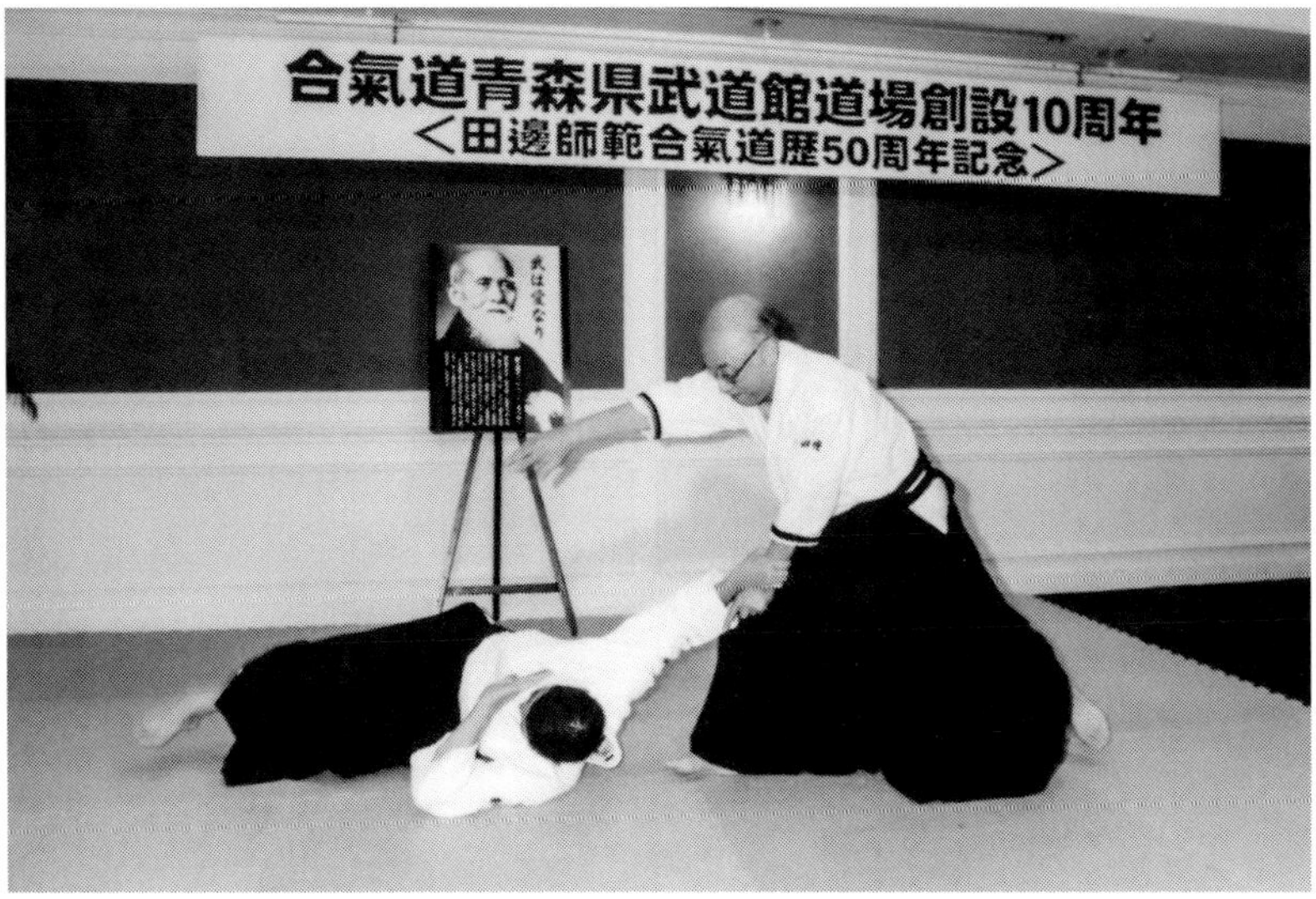

合氣道青森県武道館道場創設 10 周年と田邊師範合氣道歴 50 周年を記念した式典で演武を披露する田邊道場長

――幅広い年齢層の稽古生がいますが、指導法は異なりますか？

田邊師範　特に子供には、やる気を出させるためによく褒めてあげます。得意な技を見つけて褒めてあげると、喜んで帰っていきます。

実は元帥海軍大将の山本五十六語録の「やって見せ、言って聞かせ、させて見せ、褒めてやらねば、人は動かじ」という言葉が好きなのですが、保護司の研修でも信頼関係を築くためには、褒めてあげるのがいいと教えられます。褒めれば大人でも喜び、向上心に繋がります。

――これまで合気道をやってきて良かったことは何でしょうか。

田邊師範　いじめられっ子で、弱虫だった私は、合気道をこれまで続けてきたことによって、青森県合気道連盟の会長を拝命するまでになりました。合気道は素晴らしい世界への案内人でした。精神的にも体力的にも、あらゆる面で、成長できたのは合気道のおかげです。

――座右の銘を教えてください。

田邊師範　「不撓不屈」です。あきらめていたら、あんな弱虫だった私がここまでこられませんでした。もう一つが「凡事徹底」。平凡、些細なことを徹底しようという意味です。今の人はあまりにも当たり前のことができていませんね。

――今後の抱負を教えてください。

田邊師範　私は71歳ですし、これから何年生きられるかわからない。それまでできる限り、自分のためにも社会のためにも、合気道を長く修業したい。模範になるべく、生き生きと明るくボランティア活動を大いにして、「あいつはいい年をして、何であんなにイキイキと生きているんだ？　何が楽しくて生きているんだ？」。

そういう時、「あいつは合気道をやっているからなんだよ」と言われれば、最高の喜びです。

合氣道青森県武道館道場の稽古場となっている青森県武道館の道場

師範の横顔 Vol.47

昭和22（1947）年5月16日、
山梨県甲府市生まれ
昭和40（1965）年4月、
日本大学理工学部入学。合気道部入部
昭和59（1984）年、
東大和市合気道会入門
平成15（2003）年、
合気道三澤塾武蔵村山道場創立
平成16（2004）年、砂川道場創立
平成17（2005）年、昭島道場創立
平成20（2008）年、甲府道場創立
平成25（2013）年、甲斐道場創立

合気道三澤塾道場長

三澤秀文 七段

人と争わない心、自分自身を強く成長させる合気道精神こそ指導の根幹

日本大学理工学部で合気道に出合うが、卒業後15年の歳月を経て、東大和市合気道会にて稽古を再開。合気道を一人でも多くの人に知ってもらおうと、56歳にして合気道三澤塾武蔵村山道場を創立。現在、東京多摩地区、山梨県の5つの道場で指導を続ける。「これからも精進し、合気道の普及に微力ながら尽力したい」という。

厳しい稽古を克服すると快感となり、稽古を継続

――合気道との出合いを教えてください。

三澤師範　日本大学理工学部に入学しましたが、高校時代にやっていたハンドボール部がなく、体を動かす部といえば、武道部の中から選ぶしかありませんでした。160㎝、48㎏と体が小さく、経験者も少ないだろうから同級生とスタートラインが一緒なら続けられるかなという軽い気持ちで入部しました。

ところが、当時の指導者は有川定輝師範で、ほかの武道部の中で一番厳しかった。その厳しさとともに、体の大きい人間よりも上手くなりたいという気持ちが支えとなり、なんとか続けられました。

――大学卒業後はどちらで合気道を続けられたのですか。

三澤師範　仕事が忙しく、残念ながら合気道は続けられませんでした。37、8歳頃に、子供も生まれ、仕事にも少し余裕ができてきました。家の近くに小林道場の傘下団体である東大和市合気道会があり、入門しました。再開当時有段者ではありましたが、体がついていかなかった。でも、沢田明会長をはじめ、同年輩の有段者もおり、結構厳しく指導していただいた。それが逆にいい結果になったのか、負けるもんかという燃えたぎる思いが出てきて、それを克服すると快感になりました。

また、年に何回か小林道場の講習会がありました。小林先生のどっしりした形の中で、全くぶつかることがない「円」の動きに誘導され、私の合気道は少しずつ変わっていきました。

合気道三澤塾創立 10 周年記念演武大会で披露された三澤師範の演武

体格差があってもできることを伝えたいと、道場創立

――三澤塾を作られたきっかけはなんでしょうか。

道主が出席されて行われた合気道三澤塾創立 10 周年記念演武大会

三澤師範　48歳で四段になり、東大和市合気道会で指導員として使っていただくようになりました。東京・東大和市に住んでいたのですが、東京・武蔵村山市に引越し、五段をいただき、そろそろ自分なりに指導してみたいと思うようになりました。子供を中心に経験のない人たちに、体格差があってもできるということを教えていきたいと。平成15（2003）年、沢田会長の了解をいただき独立し、合気道三澤塾武蔵村山道場を開きました。

会員集めは、市報に出したり、市内全域を1軒1軒回ってチラシをポスティングしました。そのあと平成16（2004）年砂川、平成17（2005）年昭島で道場を開いた時も同じように募集しました。平成20（2008）年には、故郷・山梨に合気道を広めたいとの思いで甲府道場、平成25（2013）年甲斐道場を創立しました。

――現在も、すべての道場で指導されているのですか。

三澤師範　各道場によって会員の質、雰囲気が違い、変化があって面白い。子供たちも3、4歳から教えており、子供たちに会うのは楽しい。土日曜日は合気道三昧で、日曜日に甲府で教えたあと、長野県原村の別荘で木を切り薪割りをし、火曜日夕方に甲府で稽古して東京に帰ってくる。甲斐道場だけは、昭島・武蔵村山と稽古日が重なるので、指導員に任せていますが、それ以外は直接指導しています。体が続く限り、自分が示していかなければいけないと思っています。

戦わなければ、殺伐とした世の中にもならない

――指導の根幹としているところをお教えください。

三澤師範　合気道の精神は難しく言ってもなかなか理解しにくい。体で示しながら理解してもらおうと考えています。

いかに人と争わないで仲良くするか、そのためにはどうするか、そういうことを教えていこうと考えています。争いごとになると相手が攻撃してくる、それにぶつかっていくと争いになる。そこを躱《かわ》し、また攻撃してきたら躱して、もうやめようという気持ちにさせるような稽古の仕方、考え方を学んでもらえればと思っています。

長年続けられた、昭和記念公園での野外稽古

また、甘え、悔しいなど、そういう気持ちが出ると、相手に対して反発する気持ちになる。悔しい気持ちがなかったら、成長がないという考えもありますが、悔しい気持ちになるというのは、どこかで戦わなければならない。戦わなければ平和に過ごせる。殺伐とした世の中にもならないと考えます。

それが合気道の精神。そういう考えを広めたいと思っているうちに、道場も増えていきました。ひ弱な子供について、親御さんは「大丈夫ですかね」と、連れてきますけど、続けていれば、自然に元気になるし、体も強くなります。

新年会では、子供たちも多く集まり、餅をつき、ゲームをして、鍋を囲むのが恒例

上達の目安としての昇級昇段。今しばらくの辛抱を

——指導を始められてご自身で変わった点、新しく気づいたことはありますか。

三澤師範　指導を始めるということは、まず、合気道というものを知ってもらうことですが、この点が一番難しい。当然、書物などを読んで勉強している人もいると思いますが、相手と争わないことを教えるのが、難しい。理解をさせながら、教えなければならない。

強くなりたい一心という人もいますから、そういう人に強くなる必要はないということを教えなければならない。それをどうやって教えていけばいいかということに苦心しました。

合気道はうまくなったかどうかの目安として昇級昇段があります。今、残念ながらコロナ禍で1年ぐらい昇級昇段審査が行われておらず、会員の中には目指している方も多いですが、今しばらく我慢していただければと思います。

——道場を創立して18年。指導方法に変化はありますか。

三澤師範　最初の頃は一生懸命教えなければと必死になっていました。会員も増え、最近ではお陰さまで有段者も増えてきました。少年部から一般部になった中学生が有段者と一緒に稽古することで、今までの技をさらに磨けるように指導しています。また、有段者も初心者を教えることで技の向上にも役立っています。指導する側も日々精進しなければと痛感しています。

合気道は円転の動きであり、中心がしっかりしていないとできません。基本の動きである入身転換の動きが大事であるので、しっかりできるように指導しています。

——座右の銘、今後の抱負などをお聞かせください。

三澤師範　座右の銘は「小よく大を制す」でしょうか。体が小さくとも、大きい人を投げることができる。実は、大学時代に日比谷公会堂での開祖の演武を見て以来、まさに合気道ならではの言葉ではないかと考えています。

抱負といたしましては、合気道という素晴らしい武道を一人でも多くの人に知ってもらうことをモットーに、これからも精進し、合気道の普及に微力ながら尽力していきたいと考えています。

今でも楽しみな子供たちとの稽古

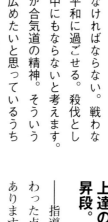

合気道人生 55

目標は「技にメッセージを込める」指導へのアプローチ

FFAAA師範　クリスティアン・ティシエ

11歳から中園睦郎師範のもとで合気道を続け、18歳で来日し本部道場に入門。吉祥丸二代道主が当時白帯だった守央道主を稽古相手につけてくれた瞬間、人生は変わった。来日から7年後、帰国してフランスを中心に世界各地で合気道の普及に務め、今日に至る。

プロフィール

1951（昭和26）年2月7日
フランス・パリ生まれ
1962（昭和37年）7歳の時にパリの道場にて合気道を始める
1969（昭和44）年、来日し、本部道場に入門
1976（昭和51）年、帰国
1983（昭和53）年、FFAAA（Fédération Française d'Aïkido, Aïkibudo et Affinitaires）を設立
以来、審査長、指導顧問を担当
2016（平成28）年、八段位に昇段

合気道との出合いについて

59年前、11歳の時に初めて合気道に出合いました。以来、大学に入るまでの7年間、中園睦郎先生のもとでの合気道の稽古を続け、18歳の時に日本の文化と精神についてもっと深く学ぼうと、訪日を決心しました。

シベリア経由の長い道のりでようやく神奈川・横浜までたどり着き、そこから東京・四谷のユースホステルへ。荷ほどきもそこそこに本部道場を訪ねました。幸運にもフランス語を話す本部道場職員の方が私を山口清吾先生に紹介してくれました。

中園先生に7年間師事し弐段をもらっていた私でしたが、本部の稽古では大変戸惑いました。先生のやっていることが理解できず、稽古相手からは「もっとリラックスして」と注意される有様でした。

しかし、翌日6時30分の吉祥丸二代道主の稽古に出て我を取り戻すことができました。日本へ着いて24時間もしないうちに二人の生涯の師に出会ったのです。

日本で稽古していた時の思い出

日本語が話せなかった最初の頃は、ほかに外国人はおらず本部での稽古も楽ではありませんでした。そんななか、吉祥丸道主はそれとなく私のことを見ていてくれたように感じました。ある日、道主は一人の若者を私の稽古相手につけてくれました。

1975年、五月女師範渡米前に撮影。前列右から3人目がティシエ師範

その方は、白帯なのに私よりはるかに上手で、名前を尋ねると、「植芝です。また稽古しましょう」と英語で答えてくれました。守央道主だったのです。その瞬間、本部道場での私の人生が変わりました。

私は吉祥丸道主から合気道の正道と基本を習いました。また、山口先生からは、合気道とは基本と根本を見据えつつ変わりゆく、自分への探求であると学びました。山口先生はいつも「合気道とは姿勢を通して純粋さ、明確さを追求する道である」と述べておられました。

1971（昭和46）年頃から、旅行が以前よりたやすく安価になり、本部へ来る外国人が多くなりました。その多くはフランス人でした。そんな時、米国へ帰国前のテリー・ドブスンにも会いました。彼の記憶は今でも鮮やかです。

1969年18歳の筆者、本部道場にて

それは、安野正敏、関昭二、岩垣茂則、少し遅れて宮本鶴蔵といった各師範が本部へ奉職した頃でした。彼らは意欲も才能もあり、彼らと激しい稽古をするのが日常でした。

私はほとんどの先生のクラスに出て、特に増田誠寿郎先生と五月女貢先生と親しくなり、五月女先生は毎週水曜の稽古後、4階道場で私を相手に技の稽古を行いました。そのお返しとして私は杖を教わりました。ほかにも大澤喜三郎先生の足捌きは、ごく自然に畳を滑っているようで、見ている分には簡単そうでした。多田宏先生の火曜日のクラスには早稲田大学の学生たちもいて、活気に満ちていました。また、その頃増田先生より、道場の諸事をお手伝いする道場幹事の一人に指名されました。

「どうやって日本の生活に溶け込んだのですか?」とよく訊かれます。最初は道場から離れた錦糸町駅近くに住んでおり、お金も仕事もないので、一度本部道場に来たら稽古の合間は、その日の稽古が終わるまで道場近くの公園などで時間を潰していました。

来日した2、3か月後に本部道場職員の方が、道場近くのフランス語を学ぶ息子さんがいる川口夫人を紹介してくれました。私は息子さんにフランス語を教える代わりに、この家の離れ（四畳半）に住まわせてもらったのです。

そうして道主の隣人ともなり、私の人生は申し分のないものでしたが、祖国から「兵役のために帰国せよ」との連絡がありました。しかし、そのお金もなく、さらにビザの期限は切れようとしており、状況は最悪でした。

ところが合気道の妖精が私を救うために現われたのです。フランスの高校の日本分校でもある「暁星高校」が、フランス政府が派遣し日本語もできるフランス語教師を求めていました。私は幸運でした。暁星高校校長の友人であった川口夫人に紹介され、フランス政府からも「兵役の代わりに2年間フランス語教師を務めよ。給料も出る」との連絡を受けたのです。

暁星高校で毎日10時半から13時まで授業、その後は本部で稽古という生活が続き、1976（昭和51）年の鏡開きでは四段に昇段。私は本部の指導者や稽古人や友人たちと楽しい時を過ごしていました。

そんな時、山口先生から「フランスへ帰国し道場を開く」ようアドバイスされたのです。おそらく人生の行く先を決めるべき重要な時期に、私が楽な人生を送っていたことを心配してくれたのだと思います。

6月に私は帰国し、7月に渡仏された山口先生をお迎えしました。この報を聞いて千葉和雄先生は山口先生を英国のサマー・キャンプに呼

1972年、日比谷公会堂で開催された第10回全日本合気道演武大会にて。後ろには、大澤喜三郎師範

び、山口先生はフランスとスイスを訪問しました。私が企画したセミナーには23人が参加し、これが始まりで、その10年後には年2回の山口先生のセミナーには、全ヨーロッパから千人以上の参加者が集まるようになりました。

指導で大切にしていること

人によって合気道を始める動機も目的も様々で、それぞれに対するアプローチが必要です。私は稽古への興味を引き出すため、まず技と礼儀（心得）に重点を置きます。同時に、道場の内外に関係なくいかなる場合においても、私の行動と指導は合気道の技と師弟関係を尊重する意味で、批判の対象とはさせません。また指導者として、先人として、自分が示すモデルに忠実でいるようにしています。さらに、武道には素晴らしい教育システムがあり、特に合気道は対立を協調に変える道であることを示します。

セミナーでは、合気道でのあるべき姿勢を通じて、人間が何代にもわたり研究し伝承してきた、自然の原理に基づく正しい動きと正確性の追求を強調しています。

指導における３つの原則として「距離」、「体勢」、「視覚」を挙げます。距離と体勢の如何によって、あなたの見ているもの（視覚）が変わるということです。ある距離で「対象を正しく見る」ということは、人間として正しい姿勢を取っていなければなりません。至高の技の追求とは、人間が常に求めてきた少ない労力で得られる、自然の原理（在り方）に従った解決法なのです。

合気道の稽古においても、自然の原理の尊重とは、「正確なコミュニケーション」、「自己同様に他者を尊重すること」、「自発性」、「好奇心」、「協調」、「研鑽と創造性」といったものを尊重し、感受できる力を与えるものでしょう。

自然の原理を忠実に守ることは、合気道における心身の鍛錬において我々を精神の純粋性へと導きます。心身両面の鍛錬において、いかなる齟齬も生ずることはありません。

私の指導における第三の観点は、私自身の絶えざる進歩にあり、同時に私の生徒たちの好奇心を、想像力と自発性により過去と未来の双方を見据えた稽古へと導くことです。

山口師範とパリにて

吉祥丸道主、守央道主との思い出

夏でも冬でも本部道場へ朝6時に着くことにしていました。私が道場の前に住んでいた時は、いつも同じ時刻に吉祥丸道主と道場の玄関前で顔を合わせます。道主はちょっと驚いたような顔で天気のことなどを言い、いまだ道主とはあまり親しくなかった私は、2、3歩遅れて道場

へと入りました。

１９８２（昭和57）年にパリで国際会議があった際、吉祥丸道主をパリに迎えました。その時の道主はたいへん痩せて見え、あまり体調が優れないのだと思っておりました。しかし、何事もないかのようにすべての会合に出席し、指導予定をすべてこなされました。その後、道主よりご自身の体調不良をお聞きしましたが、イベントの最後に素晴らしい演武をされたことに驚きました。我が師の底力をその演武で思い知らされたのでした。

ルーマニアでの講習会の様子

２年後、若先生であった守央道主が来訪され、道主となられたあとも私たちのところへ幾度も来てくださり、講習会には3千人が集まりました。

２０２０（令和２）年、充央若先生はフランスにて、道統を継ぐ者として分け隔てのない寛大さを示されました。

すでに述べた如く、当初から私は常に植芝家に対して深い感謝の念を抱いております。

吉祥丸道主の教えは、毎朝、基本技から始まりました。これはのちに私が指導をする際の大きな拠り所となりました。

日本にいた当時、若先生（守央道主）との稽古はとても中身の濃い、ダイナミックで同時に良い雰囲気の友好的なものでした。守央道主が私と同年代だったことは、吉祥丸道主が私の面倒をよく見てくれた理由の一つかもしれません。間もなく私は道主稽古で頻繁に〝受け〟に呼んでいただくようになりました。特に〝十字がらみ〟の受けとなると専ら私の役目となるのでした。

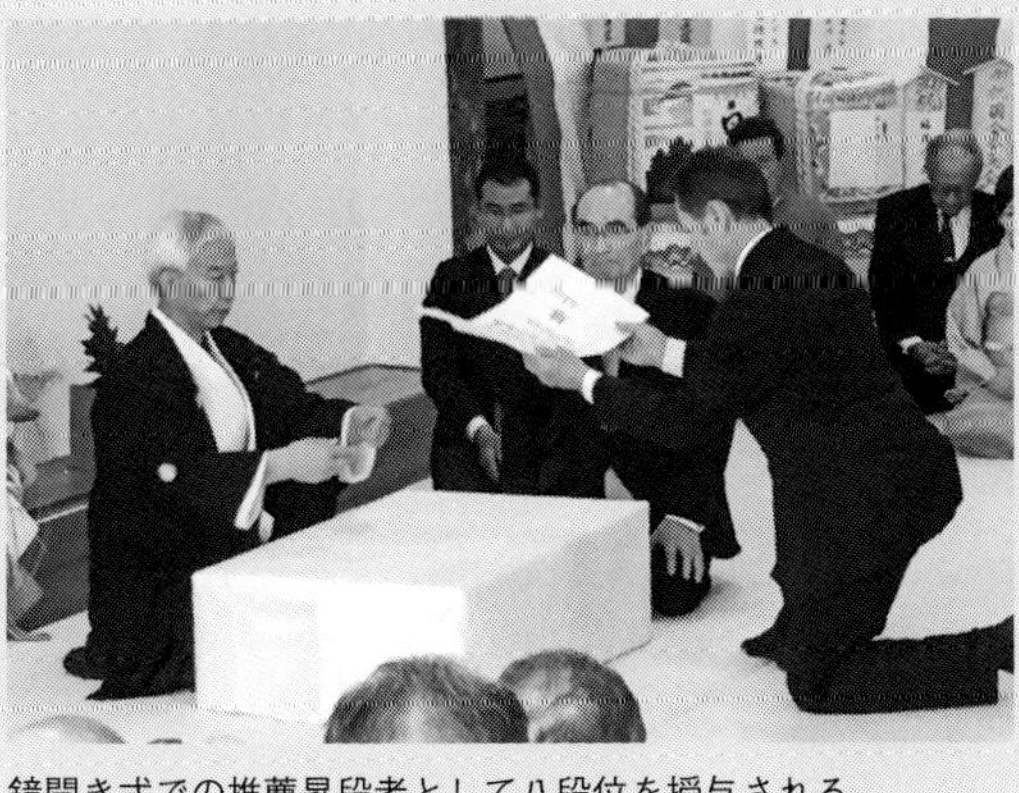

鏡開き式での推薦昇段者として八段位を授与される

道主は大変思慮深く、また遠慮深い方でした。そして時々私に、なじみのない外国人についていろいろ尋ねました。そこで、私は年に2回道主と外国人の会食の機会を設定したのです。それは非公式なもので、誰でも自由に道主と話すことができました。

これからの目標、夢について

コロナ・パンデミックとロックダウンは、私の稽古に対する渇望を再認識させました。

実際、パンデミックのため稽古を減らすことを考えていたのですが、世界中から来た多数のメッセージに奮い立ちました。そこで、山口先生がかつてやったような、「技のレパートリーを増やすのではなく、技にメッセージを込める（対話）」といったアプローチを考えています。

歳と経験によってこのように考えているのですが、私が人々のモデルとなり人々をリードするのであれば、私はシンプル（簡潔明瞭）であろうと努めます。そうして私は、我が人生を「稽古をするという幸せ」と「私の家族や友人と人生を共有するという幸せ」の二つで満たすことができるのです。

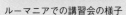

世界の友と繋がる日常

＝本部道場国際部での毎日＝

今朝も道主の指導で早朝稽古をしました。夏でも冬でも稽古をした日は一日中清々しい気分でいられます。仕事にも集中できます。私がそんな稽古を始めてから既に55年が経ちました。そのうち、直近22年は本部道場国際部のスタッフとして働き続けています。そのような私の仕事と国際部について紹介します。

外国とのつながり

もう20年以上前のことですが、当時、国際部では外国とのやり取りを書簡とＦＡＸで行っていました。その頃は着信件数も1日、2、3件と少なかったのです。

ところが事態は急変します。2000年代に入りインターネットが実用化されると外国からメールがどんどん入ってくるようになって途端に忙しくなりました。同時に外国の合気道団体も急速に増えました。

現在、私は一日おきに稽古と仕事のために本部道場へ通っていますが、朝パソコンをあけると外国諸団体からのメッセージがドカドカと入ってきます。内容は、先方の近況を伝えてきたり、本部の様子を聞いてきたり、来日の予定を知らせてきたり、審査の結果による段位登録申請（段位免状の発出要請）であったり、ややこしい質問であったり、様々です。

今では合気道は世界１４０の国と地域に広まり、それぞれの国に複数の団体があります。ですから毎日着信するメールの数も1日数10件あります。そのようなやり取りを通じて友人・知り合いとなった外国人は名前を記憶している人たちだけで4、50人はいます。今もその数は増え続けています。

彼ら、彼女らはほとんどが外国合気道団体の会長や役員で、年齢も高くインテリばかりです。彼ら、彼女らが来日した際は一緒に稽古をし、打ち合わせも行います。自分がいくつになってもそのような友人を作れることは国際部での仕事に伴うこのうえない幸運といえましょう。

畳の上の付き合い

私が55年前に本部道場で稽古を始めた頃は、開祖が早朝稽古の畳に立ち指導をされていました。開祖はまず古事記の話から始め、いろいろなことを10分ぐらい話されるのです。冬の早朝は寒く、早く体を動かしたいとガタガタ震えながら正座してその話を拝聴していました。

開祖のクラスには吉祥丸先生も同席されていて、クラスの後半は吉祥丸先生が指導をされていました。溌溂としたその姿が今も目に浮かびます。吉祥丸先生には開祖存命中と道主になられたのちも含め35年指導を受けたことになります。

その後、現道主の指導と本部道場長の指導を受け現在に至ります。植芝家四代の先生に指導を受けていることが私の誇りです。本部道場の朝稽古に長く通ってきている

今年の鏡開きの推薦昇段発表で、道主より八段位の証書授与された谷さん

人の中にはそういう人がまだ数10人はいるでしょう。

私は毎日の稽古相手の名前を記録しています。以前は毎月稽古をした相手の90%は外国人という状態でした。ロシアや東欧からやってくる相撲取りのようなサイズの外国人をころころ転がすのは、合気道ならではの面白い体験です。

今はコロナ問題で来日外国人はほとんどおらず事情は変わっていますが、また以前のような日々が早く戻ってくることを祈るばかりです。

一緒に業務に励む国際部のスタッフ。谷さんは左から３人目

多文化・多国籍の国際部

合気道本部道場には、指導部、総務部、人事部、渉外部、国際部の5部があり本部道場の職員は時によって増減はありますが、現在は50名です。国際部はスタッフが3名の時もあれば4名または5名の時もありました。

国際部のスタッフは伝統的に高段者が多く、稽古をしていない者が国際部の仕事をするのは、前述したように外国諸団体や外国から来日する稽古人との関係を考えるとチョット無理です。稽古あっての本部道場職員ということになります。

ずーっと昔の話ですが、国際部の部屋のドアに「ここでは、日本語、英語、ロシア語、スペイン語、ポルトガル語の5か国語を話します」とのメモを張っていたことがありました。スタッフは全員が日本人でした。自画自賛になりますが、商社や大企業の国際部であってもこれほど贅沢な外国語能力を備えているところはそうはなかったでしょう。

今はロシア語を除く4か国語になってしまいましたが、着信するメールにはこのほかにフランス語、イタリア語などで書かれたものが時々あります。スペイン語ができればこれらの言語で書かれたものの内容はわかりますから困ることはなく、英語またはスペイン語で返事をしています。

現在、国際部内でのコミュニケーションは通常日本語で行っています。とはいえ、必要に応じ英語、スペイン語での会話もあります。スタッフの国籍も、日本、スペイン、米国と多彩で、今や大きく世界へ広がった合気道を象徴しているような国際部でもあります。

国際部は、さらなる明日へ向け、昨日までの蓄積をベースとして、世界の人々の友好と調和を目指すという合気道精神にのっとり、一日々の仕事に精を出しているのです。

2021年1月　記

谷　正喜

（公財）合気会　国際部副部長

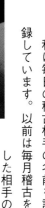

コロナ禍の中で、発足60周年を迎えた全国学生合気道連盟

厳しい活動規制の中で完成した『合氣道　全国学生合気道連盟　六十周年記念誌』

活動レポート：宮森香里（全国学生合気道連盟第60代委員長）

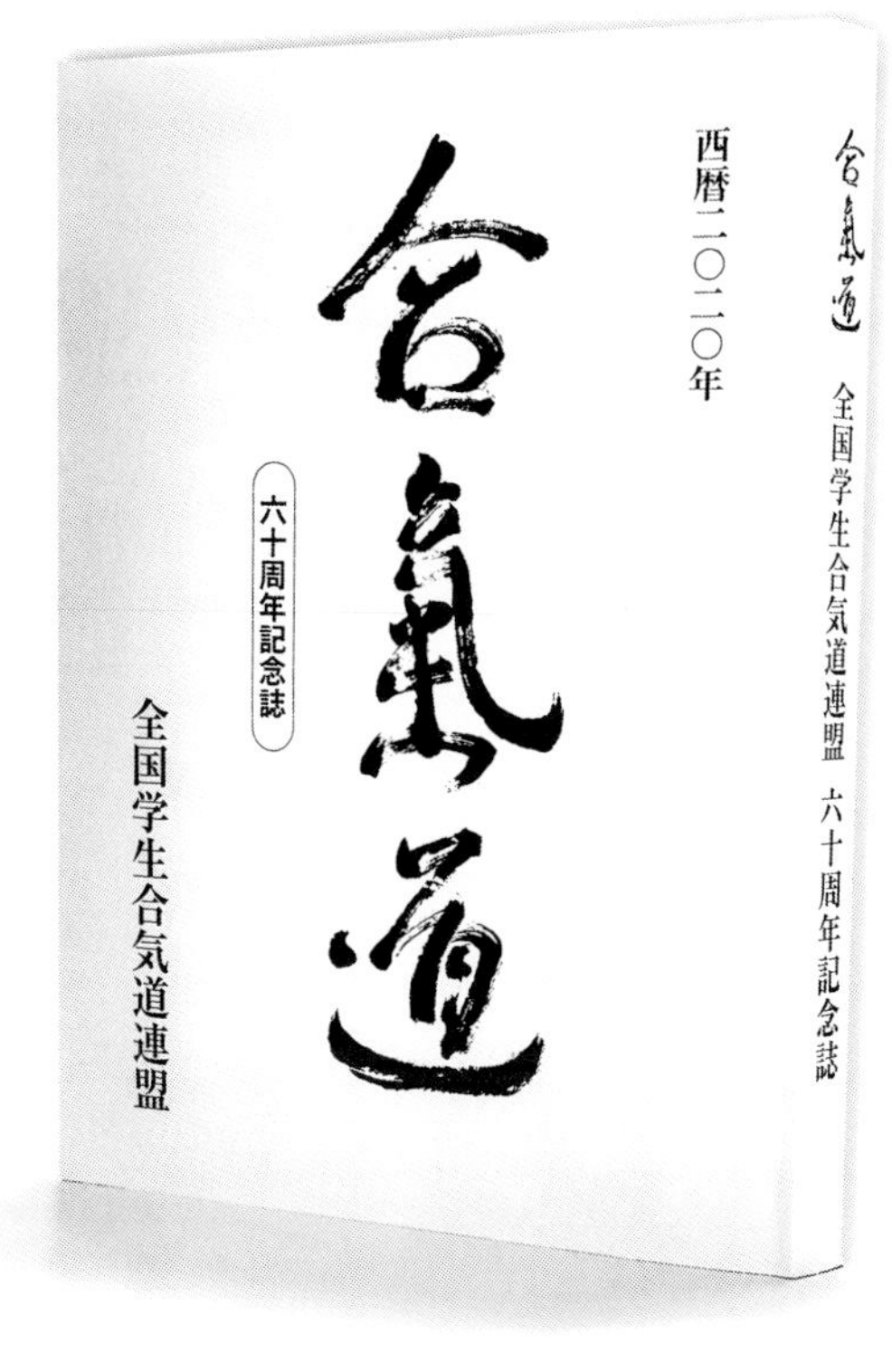

植芝守央道主が揮毫された「合氣道」で飾られた六十周年記念誌の表紙

全国学生合気道連盟第60代委員長の宮森香里と申します。平素より当連盟の活動を温かく見守っていてくださり、感謝至極に存じております。まずは、この場をお借りして、皆さまのご協力や諸先輩方のご尽力によって、全国学生合気道連盟が発足から60周年を迎えられたこと、今年度、『六十周年記念誌』を無事に刊行できたことのお礼を申し上げます。

六十周年記念誌の構想自体は昨年度から行っておりましたが、当時はまさか世界全体がこのような状況になることなど夢にも思っておりませんでした。生活が大きく変わっていく中で編纂をしていった当記念誌ですが、道主植芝守央先生からいただいたアドバイスを基に「歴史を残す」ことを念頭にして制作を進め、記念誌恒例の各大学団体紹介に加え目玉企画といたしまして、初代委員長の古市周平さんへのインタビュー、また各大学の創立秘話なども募集し、掲載いたしました。

各大学紹介では、昨年度新たに全国学生合気道連盟に加わった全九州学生合気道連合会の加盟大学にも参加していただき、北海道から九州まで100を超える大学・団体に個性様々な原稿や写真の提供などと、ご協力をいただきました。いざ記念誌の完成品を手元に持った時、その重みや厚さなどから、これほど多くの方に協力をいただけたからこそ形にすることができたのだと感謝の思いを抱きました。

特に、各地区の委員長には、記念誌制作にあたっては各地区連盟の大学と、私たち関東学生合気道連盟の役員で構成しておりました編集委員との架け橋となっていただいただけではなく、記念誌に掲載する広告の協賛を集めていただくなど多岐にわたり、奔走してい

ただきました。

広告募集に関しては、演武大会のパンフレットに掲載するため、毎年行っている地区もございました。しかし、ノウハウのない状態から協力していただいた所もありました。また経験のある地区には、募集の際のマニュアル作りにも意見をいただくなど、各地区委員長の働きかけなしには、成し遂げられなかったことも多くあります。

冒頭にも記しましたが、新型コロナウイルスの影響が出る以前から、準備段階ではありましたが記念誌制作が始まっておりました。私自身は今年度、委員長として全国学生合気道演武大会の開催や、各種講習会の開催など記念誌制作以外の学連主催の活動も60周年といった節目の年を背負うべく使命を持って就任いたしました。

しかし、昨年2月下旬に予定していた春期講習会より軒並み行事を中止せざるを得ない情勢となってしまいました。全国大会の開催に向けてポスターの撮影も6月には行っておりましたが、そちらも開催の日程が近づくにつれ、この状況で全国から学生を集めることの非現実性が浮かび、中止の決定をするなど学連や自分自身の役割を見失っている日々がありました。

そんなおり、初代委員長の古市さんへのインタビューの中で、本来の学連の役割や使命をお伺いすることで、できなかったことに後ろめたさを持つのではなく、できることに尽力しようと、前を向くきっかけをいただくことができました。

今年度、多くの大学で課外活動が長らく中断されている現状があり、新入生勧誘も苦しい状況だと伺っています。全国学生合気道連盟は、こうした各団体の悩みを全体に共有し、繋がりを深める役割が与えられているのではないかと考えます。連盟として、これまでは輪を広げること=学生合気道の発展として活動してきましたが、私個人の考えとしては、ぜひこれからは、その輪の結びつきを強くする活動をしてほしいと期待しております。

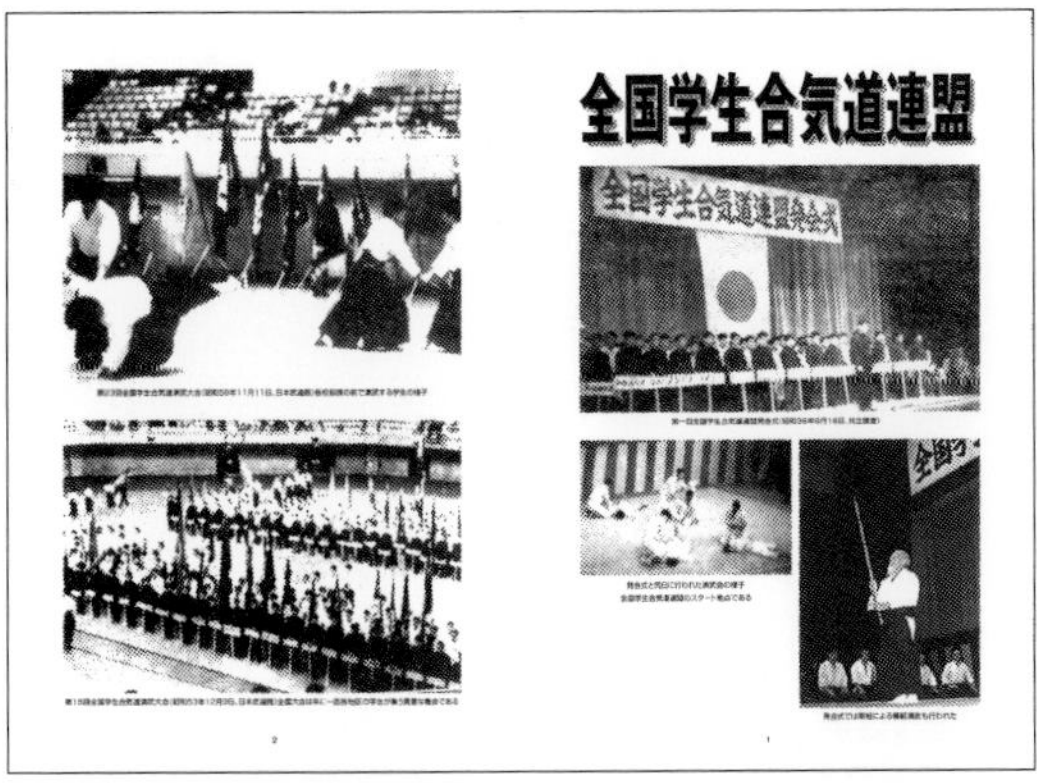

昭和63年、共立講堂で行われた学連発足式をはじめ、令和元年に開催された学連演武大会まで懐かしい写真で、60周年を振り返っている

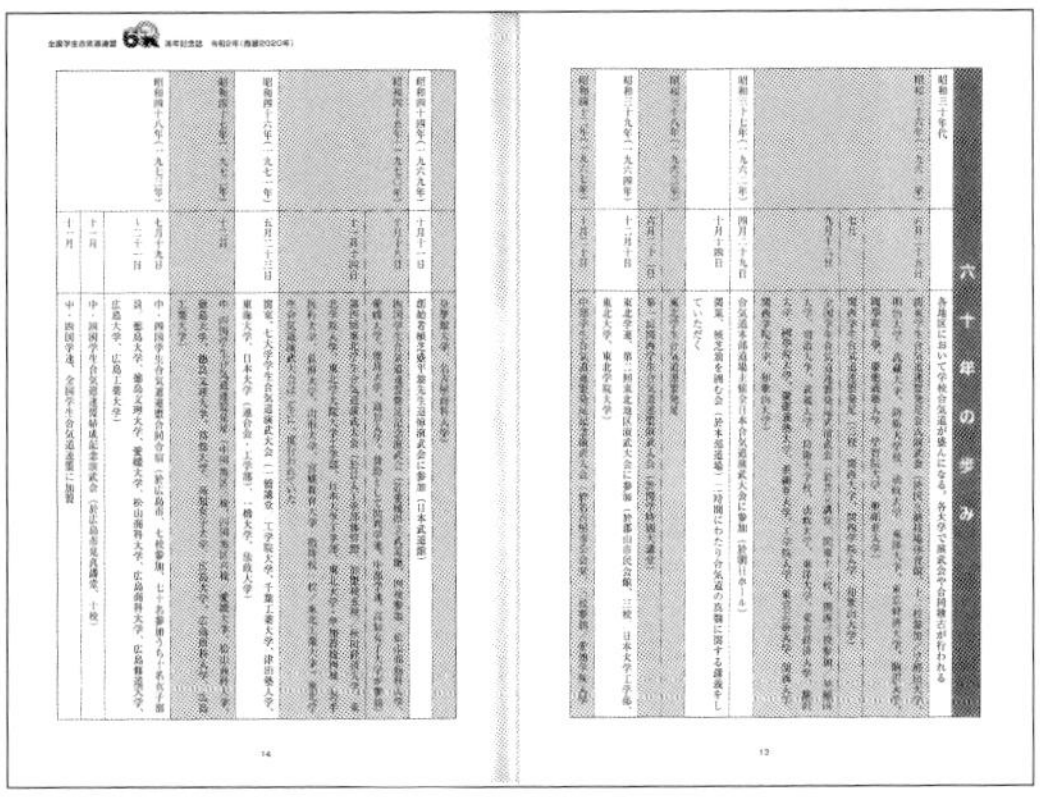

60年の歴史を年表で紹介

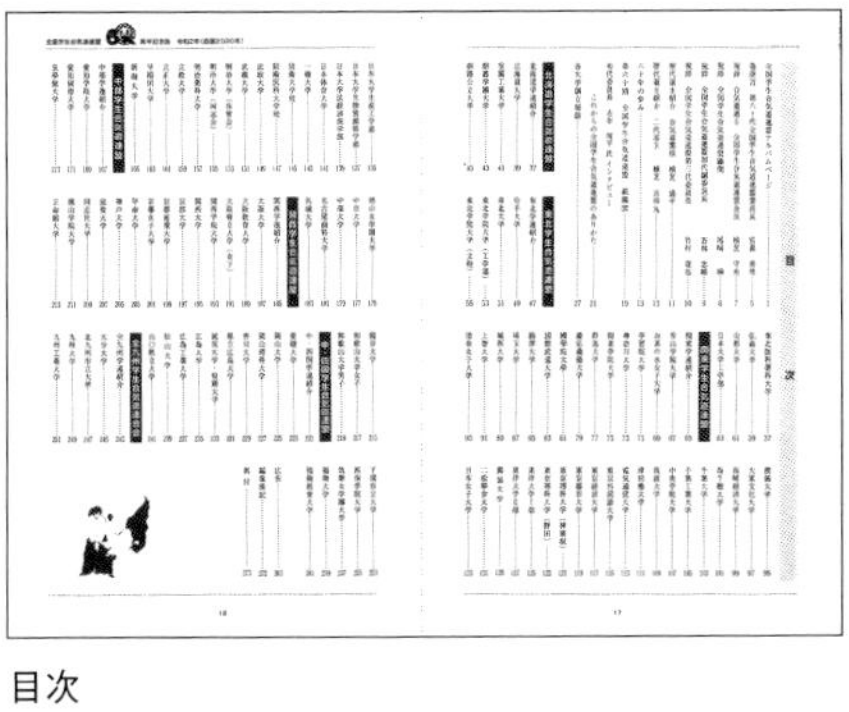

目次

令和3(2021)年度 各地区学生合気道連盟 新委員長挨拶

第61代全国学生合気道連盟委員長
兼関東学生合気道連盟新委員長

安本太一

昨年は新型コロナウイルスの影響で、どの大学においても思うような稽古ができず、新入生の勧誘もままならない状況でした。私自身、大学の稽古が満足にできないことはもちろん、連盟の活動をほぼ経験しないまま今年を迎える形となってしまいました。

このような状況で委員長を務めるということには不安が募りますが、先輩方から引き継ぎをしっかり行い、この状況下でできる最大限のことをできるよう尽力したいと思います。よろしくお願いいたします。

北海道合気道学生合気道連盟
新委員長

大谷　朗

令和2年度は未曾有の状況下にあり、合気道はおろか日常すらままならない日々でした。そんな中で、学生合気道連盟の一員として活動していくことに不安と責任を感じています。

来年度、社会がどう変化していくかはわかりませんが、私たちが学生合気道に向き合っていけるよう全力で取り組んでまいります。どうぞよろしくお願いします。

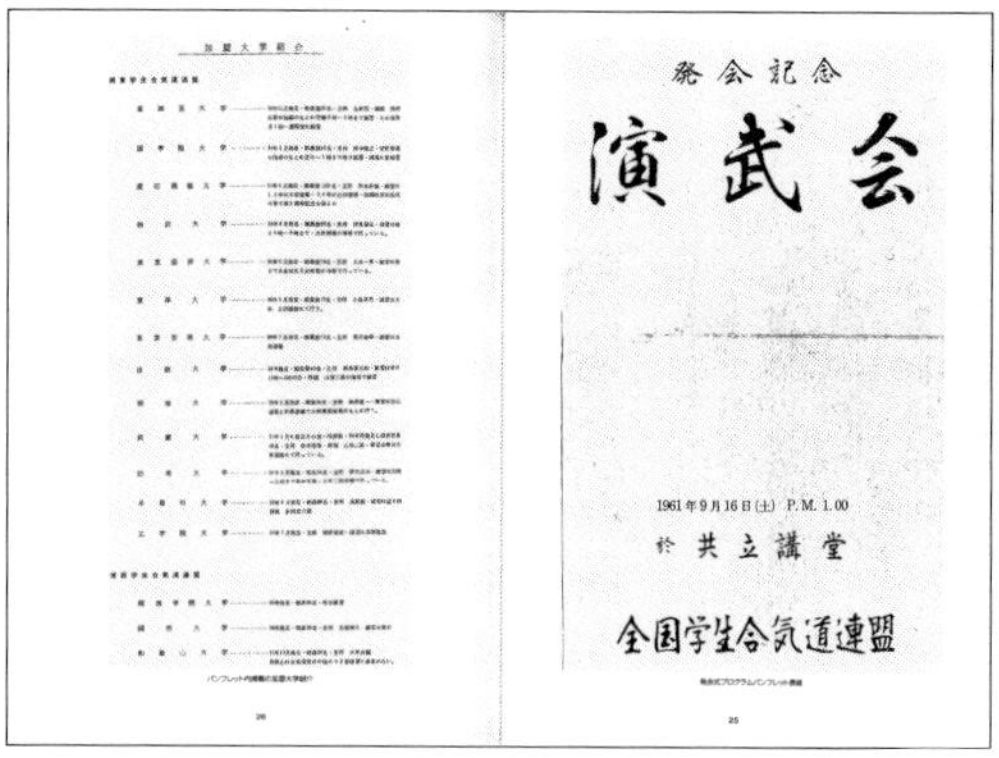

昭和63年9月16日開催された学連発足記念演武会のパンフレット表紙とパンフレット内掲載の加盟大学紹介

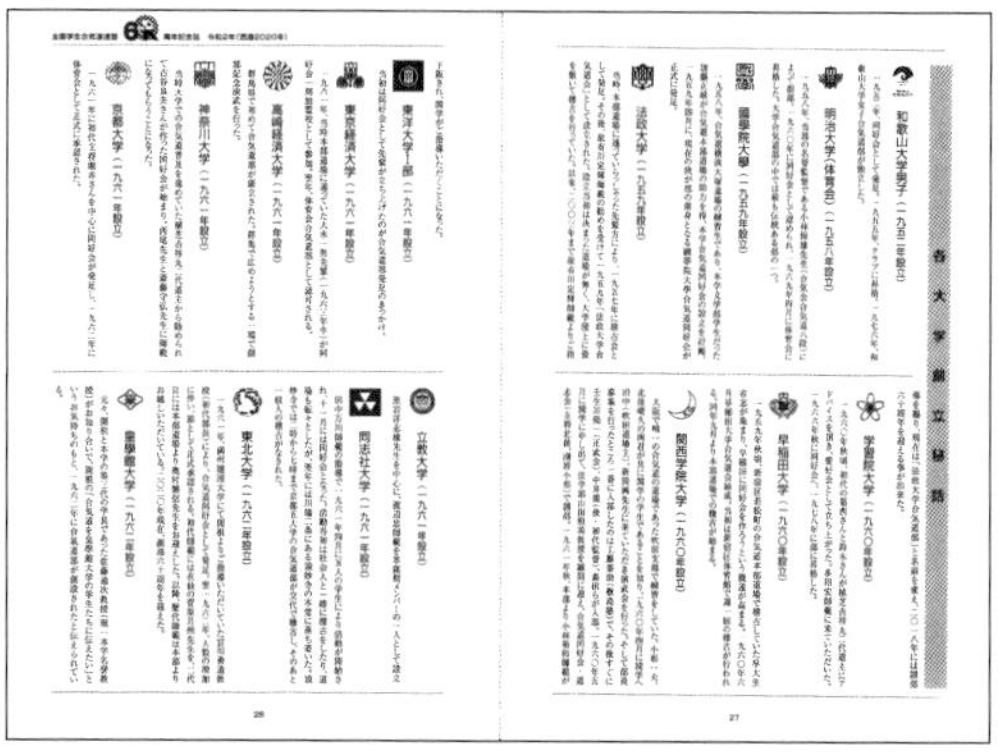

貴重な話が語られた、一部大学の合気道部創立の秘話

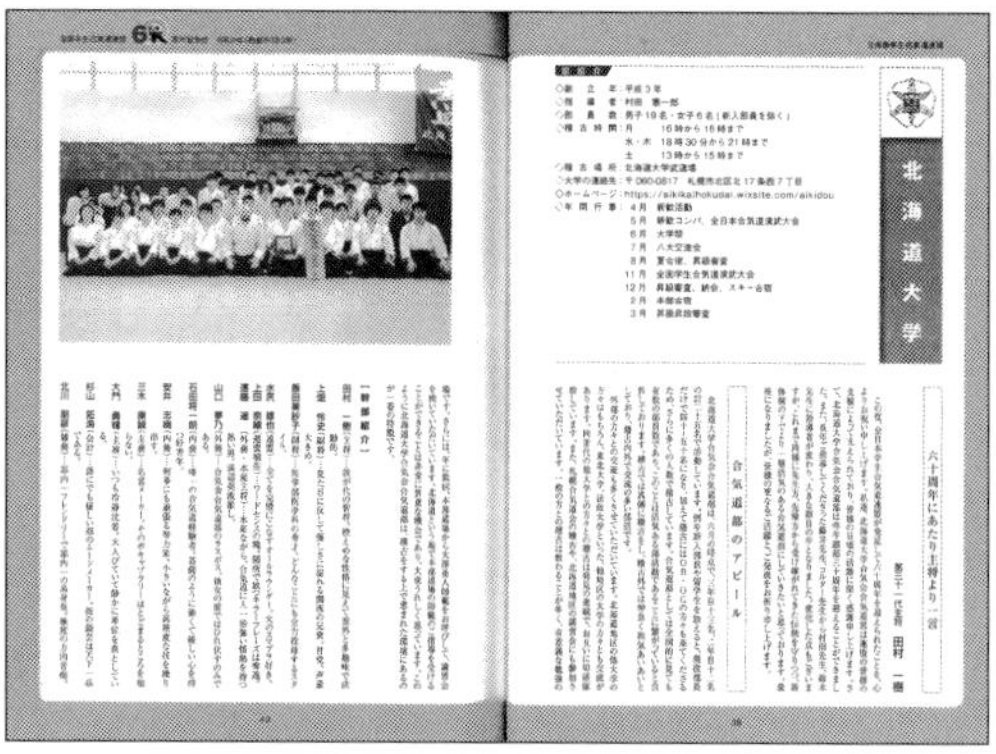

100を超える全国の加盟大学を紹介

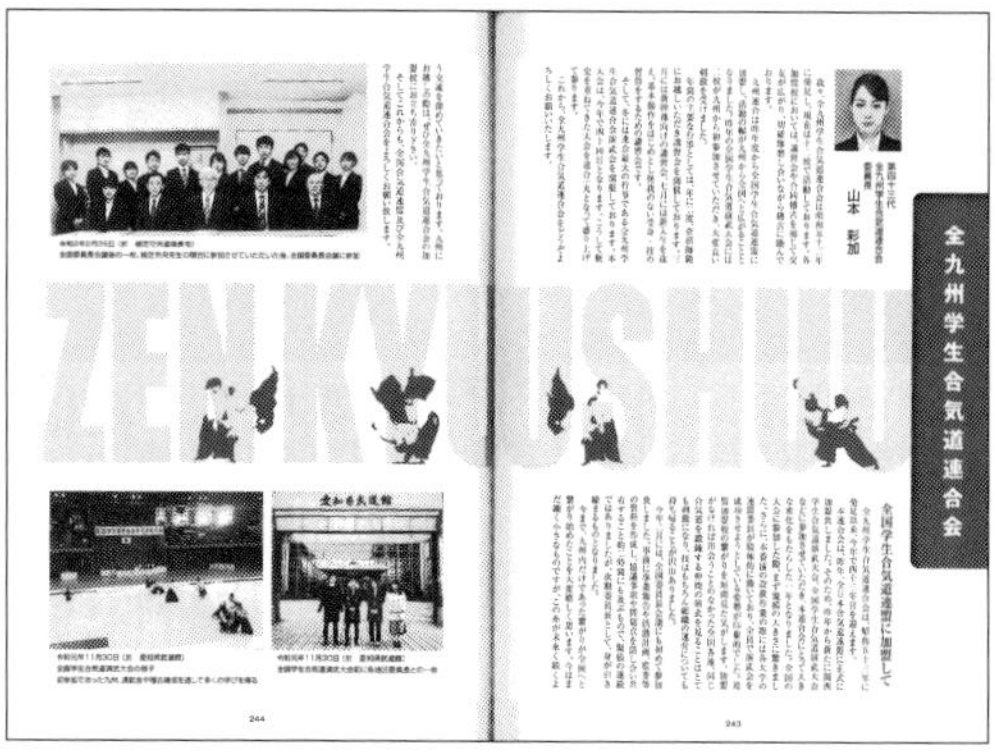

昨年度新たに全国学生合気道連盟に加わった全九州学生合気道連合会が加盟について語っている

す。部活動にとって一年間の空白は致命的なものであり、技術の継承ばかりか部活の存続自体が危うくなっている大学の話も耳にします。

私自身も関西学連での実質的な業務経験がほとんどない状態で令和３年度を迎えなければならず、委員長としてうまくやれるのか不安に感じています。しかし同時に、未知の体験にワクワクもしています。人間がこの苦境にうずくまって過ごすのではなく、前を向いて、どんなに小さくとも希望を持って、希望のために生きることができるようにと願います。

中・四国学生合気道連盟新委員長

田村有紀奈

新型コロナウイルスの影響もあり、例年どおりの活動が難しい状況が続いています。

この状況下で委員長を務めることに少し責任を感じるとともに、この時期だからこそ日頃の健康や支えてくださる皆さまに感謝しつつ、今できる精一杯の活動を行い、経験を積み重ねながら委員長としても、合気道をやる者としても、これからさらなる成長を遂げられるよう日々精進していきたいと思います。どうぞよろしくお願いいたします。

全九州学生合気道連合会新委員長

川口裕生

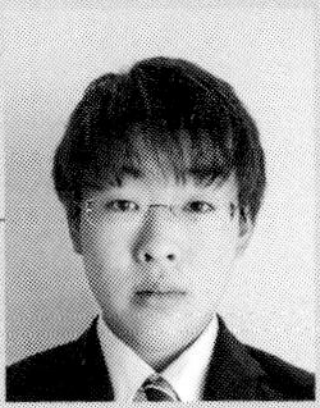

昨年は新型コロナの影響により、我々の地域でも稽古はもちろん、新入部員の勧誘もままならず、非常に苦しい一年でした。

私個人としてもこうした状況で委員長になることは、正直不安に思うことが何度もありました。しかし、そのたび諸先生・諸先輩方から励ましのお言葉をいただき、ありがたい気持ちでいっぱいです。今年は昨年の分も取り返すつもりで、精進していきたいと思っております。どうぞよろしくお願いいたします。

東北学生合気道連盟新委員長

高橋祐希

令和２年度は新型コロナウイルス流行の影響で多くの加盟校が活動に制限を受け、私自身ももどかしい気持ちで稽古のできない日々を過ごしておりました。本学連においても部員数の減少や部活動の停止要請などといった問題に直面している加盟校が数多くあります。

乗り越えなくてはならない課題はありますが、制限の中でも取り組めることを見出し、東北学生合気道連盟としての活動を盛り上げていけるように努めてまいります。

中部学生合気道連盟新委員長

天野彰博

委員長としての現在の意気込みは、「コロナに負けず、委員長として活動し、かつ、自分の技を磨きあげる」というものです。なぜならば、令和２年度は、コロナウイルスの蔓延の影響で何もできずに終わっていったので、令和３年度は、演武会などの例年どおりの活動をできるだけ多く開催できるように尽力していきたいと思っているからです。

また、今現在の状態だと、稽古も満足にできていないですが、先輩や師範から、少しでも多く、技術を習得し、自分の技に磨きを掛けていきたいと思っています。

関西学生合気道連盟新委員長

溝上尚太

令和２年、世界全体が大きな厄災に見舞われました。新型コロナウイルスの影響で、全国の合気道部員は活動休止を余儀なくされたことと思いま

合気道に向き合い成長する ハンディキャップを 乗り越えて

ナポリタノ・ディアズ・レアンドロさん

合気道の世界にも少なからず、ハンディキャップを持ちながら修業する人たちがいる。過去には、故菅野誠一師範のような義足を付けながら指導されている方もいた。障害を抱えた方々がどのように合気道と向き合い、稽古を続けているのかを聞いた。その言葉からは、健常者が稽古をするうえで、より視野を広げられるヒントがあるようだ。

ナポリタノ・ディアズ・レアンドロさん。通称レオ。ブラジル国籍の40歳。合気道歴20年。現在は、駐日ブラジル連邦共和国大使館にて教育とスポーツを担当している。日本に来たのは2015（平成27）年の7月。5年の間に日本語もかなりマスターしている。出身はサンパウロ州の北部アチバヤという街。明治以降から日本人の移民が多く暮らす土地柄だ。

実はナポリタノさんは大きなハンディキャップを背負っていた。生まれつき右足の膝下がなく、0歳から義足が必要な身体だった。

「若い両親はなによりも驚きショックだったと思います。でも両親はほかの普通の人と同じように生きて欲しいと願い、よい医者にも恵まれ、様々な情報を集め、ハビリテーション（注）を実行し、1歳の頃には義足を装着して歩けるようになったそうです。

ごく普通の健常者と同じように暮らし活動し生きて欲しい、やりたいことを自由にやって欲しい、という両親の思いから。実際にたくさんのスポーツやアクティビティを体験し楽しみ、次第に義足であることを意識せずに暮らせる

「道場に皆が集い、稽古する。合気道にとって、とても大事なことだと思います。コロナ禍が収束して、1日でも早く道場に集まれることを願っています」

生まれつき右足膝下のないハンディキャップ 普通の生活を送りたい、そして武道との出合い

「合気道はあまり相手との接触がないので、義足でも安心してできる武道です。合気道以外は、2011年から弓道を初めて今は四段です。来日してからは弓術の日置流印西派と古流武術の天真正伝香取神道流杉野道場で学びました。杉野道場の杉野嘉男先生は、植芝盛平大先生の門人でもあります」

ようになりました」

そんなナポリタノ家は、実は武道とはもともと接点があった。父親が少しだけ極真空手の経験者であり、ナポリタノさんは武道の世界へごく自然に入りこんでいった。

「本当は武道に対して自分はあまり興味なかったんです。10歳の夏のある日、母親が勝手に極真空手道場へ申し込み、私は空手を学ぶことになり道場に通いました。空手は自分にとって難しくはありませんでした。でも蹴りなど、硬い義足は適していませんし、飛んで行ってしまうこともありました（笑）。結局2年ほど通いました」

その後、ナポリタノさんと武道との関係は疎遠になる。時は経過し、ナポリタノさんは大学に進学。将来外務省の職員として働くことを決意。厳しい就職試験に勝つため、何か心身ともに自分を高め、同時にストレス解消になるものを求めた。

「いろいろな本を読み、弓道がやってみたくなりました。でも当時アチバヤには弓道専門道場はな

※ハビリテーション：元々持っていた人間の機能が何らかの要因で失った場合に、失う前の状況へ復帰をめざすものをリハビリテーションと言う。対してハビリテーションは元々持っていない機能をゼロから鍛えること。前者を後天性、後者を先天性による訓練の違い。

自分にできないことはない！すべてはチャレンジあるのみ

かったんです。たまたま見つけた武道場を訪ねたら、やはり弓道はやってないと。ですが合気道の説明をされ自分も納得し、合気道場へ申し込みをしました。これが私にとっての合気道との出合いです。２００１（平成13）年の7月のことです」

合気道を学び心身ともに充実し、見事にブラジル外務省のテストに合格、晴れて入省を果たした。

「義足であるため、私の姿勢はあまり良くありませんでした。ちょっと前かがみになり、どうしても重心が左足に傾いてしまい、腰の使い方に癖がついてしまいました。でも、合気道の稽古をして、姿勢が良くなりました。同時に難しい入省テストをこなしていくだけのメンタルも身につきました」

ナポリタノさんは、外務省の勤務先としてブラジリアに引っ越し、その後13年間ブラジリア合気道連盟にて稽古を続けた。ちなみに合気道のほか、弓道も学び、今では四段を取得している。

駐日ブラジル大使館へ勤務のため来日することになったのは２０１５（平成27）年。初来日は前年の２０１４（平成26）年。

「あの時は本部道場を訪ね、あまりに多くの人が稽古しているのに驚き、そんな中でも相手や隣の人とぶつからない間合いの取り方、先生の動きを見て覚える「見取り稽古」の重要性を感じました。私が義足を外している姿を見て皆が驚いているのを今でも覚えていますよ（笑）」

ナポリタノさんが合気道を続けて今では20年が経つ。義足を必要とする障害者としての合気道へのアプローチを語ってもらった。

「まず物理的には、義足の場合関節が自由でないことが一番の違いです。足首の動きを固定されることは腰の動きにも反映し合気道の形の習得に左右されます。例えば右への受身や崩し技は非常に難しい。そのために座り技と半身半立ちがとても大切な動きになり、それらを学んだおかげで自分の腰の動きも強化していきました。座り技では義足を装着した状態と脱いだ状態の２つのシチュエーションを練習。義足のあるなしでの身体のバランスの違いにも対応できるようになりました。

すべてはチャレンジです。私にとってできないことはない！　やり方やアプローチこそ違えど、訓練すれば、いつか可能になると思っています」

実際の義足を見せてもらうと、足首の部分はチタン素材で組みつけられ、足の部分はソフトパッド

「右足が義足である私は、技の習得に私だけのやり方で努力し、いつの日かマスターしていきます。できないと思ったことは一度もありません。チャレンジあるのみです」

義足は外したり付けたりは靴のようにできる。足首の部分はチタン製で固定される。ナポリタノさんの義足には「合気道」の文字がプリントされている

素材になっている。このソフトパッド素材の若干の自由度（足先をほんの少し曲げることができる）によって、例えば正座も可能だとのこと。ただし足首は固定されたままだ。

「足の部分のソフトパッドは数年ですり減り、ほんの数ミリ減るとたちまちバランスが狂ってしまいます」

　何も知らなければ、ナポリタノさんが義足であるとは感じない。それほどに正しい姿勢を、今の義足にアジャストしている証拠だ。

　インタビューでナポリタノさんが強く話してくれたことがある。

「私は足が悪くはない。病気でもない。ただ健常者の皆さんと身体に差（違い）があるだけなんです。自分の足は動きに制限がある。だから制限の中で動けるように努力をします。健常者であっても苦手だったりする部分があり、皆努力してマスターしていく。同じなんです。差別はしないでほしい。どんな状況でもチャレンジしていく。それこそが合気道という武道から学んだ大きな魅力です。

　合気道に出合い、自分の身体を知り、精神的、肉体的な障害の限界を超えることができました。合気道には良い人間形成と良い社会を作る力があると信じています。すべての人々に成長と自分自身の可能性を信じる力を授けることができます。私は今日まで合気道の稽古を続けながら、教えるようにもなりました。その経験がまた私の世界を広げてくれたのです」

足が悪いのではない
身体に違いがあるだけ
努力は人それぞれ

　最後に今後の目標を聞いた。

「将来に向かってひとつのプロジェクト（※）を温めています。合気道を教えるにあたり、様々な身体的、視覚的、精神的に障害のある人々のための教授法についての本を作りたいと思っています。

　今はコロナ禍により稽古も満足にできませんが、いつかまたいろいろな人たちが同じ道場に集い、同じ目標に向かって稽古ができる日を待ち望んでいます。本当に稽古できないのが辛いです」

　日系人が多く住むブラジル。地球の真裏で合気道に出合い、今は日本で合気道をさらに深く研鑽しているナポリタノさん。義足である彼のハンディキャップを越えた、合気道への熱い情熱と無限の可能性を教えてくれたようなインタビューだった。ナポリタノさんの今後の活躍に期待し応援しよう。

※プロジェクトへの参加に興味のある方は、lnapolitano@gmail.com に直接お問い合わせください。

特別寄稿

乾 泰夫（八千代市合気道連盟）

開祖の合気道は「古事記の実行」そのものである
開祖・植芝盛平翁の愛読書

『古事記』を紐解く その2

言霊学《げんれいがく》で解く

前号は天地開闢《かいびゃく》から天孫降臨、海幸彦と山幸彦のお話をいたしました。

「この植芝の合気は、大猿田毘古《おおさるたひこ》となって、これから進む道案内であります」（『武産合気』186ページ）と天孫降臨においてニニギの命を導いた猿田毘古の命を自認される開祖は、道案内（先導者）として我々に「合気道が強くなりたかったら『霊界物語』を読みなさい」と諭されています。出口王仁三郎師が口述した『霊界物語』を解説書として、『古事記』に書かれた奥深いところを知りなさい、と勧められているのです。

これは、王仁三郎師が「『古事記』は、（中略）「大本言霊学」の活用によりて、始めて其《その》裏面に隠されたる深奥の意義が闡明《せんめい》（明らかに）される」と言われているとおりです。すなわち、『霊界物語』の中の言霊《ことだま》で『古事記』を解いている箇所を手引きとして深奥の意義を知り、開祖の合気道を理解しなさい、と教えられていることがわかります。

一、天地開闢で語られる神人合一《しんじんごういつ》の理

『古事記』の天地開闢の件《くだり》は、言霊で解くと、合気道では次のとおり「神人合一」という宇宙万世一系の理道（『武産合気』43ページ）を説明するものとなります。

「一霊四魂三元八力《いちれいしこんさんげんはちりき》の大元霊が一元の大神の御《み》姿《すがた》である。この大神が一霊四魂をもって霊魂（精神の本）を造り、三元八力をもって体（物体の本）を造って活物《かつぶつ》に与えられた。それで人（霊止《ひと》）は大神（大宇宙）の分霊分身（小宇宙）と言われるのである。

※一霊四魂三元八力は、本田親徳の霊学に基づく言葉です。一霊（直霊《なおひ》、神の御霊《みたま》）が四魂（理性と感情：奇魂《くしみたま》・荒魂《あらみたま》・和魂《にぎみたま》・幸魂《さちみたま》）を主宰し、三元は「剛・柔・流」、八力は「動《どう》・静《せい》、解《かい》・凝《ぎょう》、引《いん》・弛《ち》、合《ごう》・分《ぶん》」であると説かれています。

その大虚空（大宇宙）にある時ポチ（ヽ、霊界物語ではホチ、原意は発心《ほち》）が忽然として現われ、微細な神明の気を放射してポチを包み、初めて「ス」の言霊（⊙）が生まれた。常在《すみきり》、すみきらい（澄み霧《き》らい）つつ、すなわち一杯

に呼吸しつつス声《ごえ》に生長したのである。
　このス声がス、ス、ス、即ち上下左右のス声（十）となり、丸く円形に大きく結ばれていって（⊕）呼吸を始めるのである。
　ス声が生長して、スーとウ声に変わってウの言霊が生まれる。このウ声が二つに分かれて、軽く澄めるものは上に天に巡ってア声となり、濁れるもの汚れるものは下に大地に降ってオの言霊が生まれるのである。上にア、下にオ声と対照で気を結び、そこに引力が発生するのである」（『合気神髄』110、12、14、17ページ、『武産合気』77、82ページ）

「修行は、神人合一を目標とするものなり、しかれども神と人とは（一霊四魂三元八力という）質において同一なるも、量において（大宇宙、小宇宙という）大小あれば、人は人だけの範囲（小宇宙）を越すあたわず。しかれども武の魂は、（気を結び、引力が発生して）天地と相通じておれば、ついには、（神人合一の）美《うる》わしき成果を現出する」（『合気神髄』159ページ）という箇所を読めば、この部分は「神人合一」（『合気神髄』52ページ）、「我は即ち宇宙」（『合気神髄』34ページ）の由来であるとの理解が進みます。

「人というものは、（生成化育を行う）造化器官であることを知り、全大宇宙と己れ（小宇宙）とは同じ（造化器官である）ということを知」（『合気神髄』46ページ）れば、合一するのも道理です。

　ス声については、「真澄（真素美《ますみ》）の鏡」（『合気神髄』57ページ）と「水茎文字」を並べた次の表を見ると、⊙（王仁三郎師によって山口志道の「布斗麻邇《ふとまに》の御霊《みたま》」（『合気神髄』64ページ）にある◉と同じとされた）で表わされていることがわかります。

真澄の鏡

音		初柱	内柱	中柱	外柱	留柱	座
牙之音	軽	か	こ	く	け	き	天之座
	中	が	ご	ぐ	げ	ぎ	
	重	だ	ど	づ	で	ぢ	
舌之音	軽	た	と	つ	て	ち	火之座
	中	ら	ろ	る	れ	り	
	重	な	の	ぬ	ね	に	
歯之音	軽	は	ほ	ふ	へ	ひ	結之座
	中	さ	そ	す	せ	し	
	重	ざ	ぞ	ず	ぜ	じ	
唇之音	軽	ぱ	ぽ	ぷ	ぺ	ぴ	水之座
	中	ば	ぼ	ぶ	べ	び	
	重	ま	も	む	め	み	
喉之音	軽	や	よ	ゆ	え	い	地之座
	中	わ	を	う	ゑ	ゐ	
	重	あ	お	う	え	い	
		喉韻	唇韻	歯韻	舌韻	牙韻	

水茎文字

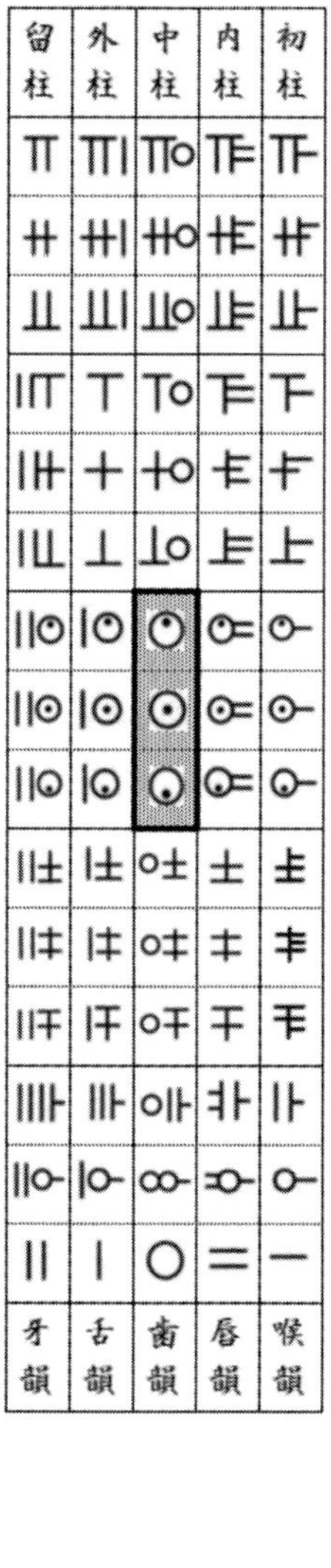

　また、水茎文字の「ふ・す・ず」を見れば、丸の中の点の位置が軽・中・重に応じて上・中・下に動いていることがわかります。
　ス声は「好く、好かぬ」や「統《す》べる」の「ス」で「万有愛護」を表わす言霊です。ウ声は「結ぶ」「産《む》す」「動く」という意味を持つ「生成化育」の言霊です。「アイウエオ」は『霊界物語』に説明がありますが、順に「天火結水地」で、ア声が「天（高天原）」、オ声は「地（淤能碁呂島）」を意味します。
　万有愛護のス声（主《ス》の神）によってウ声が生

れ、ウ声の結び（生成化育）の働きによって天地ができ、天地の間に気が流れ、合気の技が生まれた（修理固成）との説明です。

「⊙《ス》の御親七十五《ななそいつつ》を生み出して　合気の道を教えたまえり」（『合気神髄』45ページ）

二、天の浮橋に立ってスミキリ

　また、開祖は常々、稽古を行うにあたって「天の浮橋に立つ」とおっしゃられていました。天の浮橋はイザナギ・イザナミが立たれて海をかき回されたところです。天地と相通じる神人合一に関連しますが、天の浮橋に立つこと、即ち「スミキリ」の状態になる方法について次のように火と水で、もっと具体的に解かれています。

「天の浮橋に立たされて（お立ちになって）、「ア（吾《あ》）」は自《おの》ずから、「メ」は巡る。浮橋の「ウ」は空水（空中《くうちゅう》の水《すい》、空中を循環する水蒸気）にして縦（⦶）となす。橋の「ハ」は（火にして）横（⊖）となす。水火《いき》結んで縦横《たてよこ》（⊕）となす、縦横の神業《かむわざ》」（『合気神髄』151ページ）

「そして天の浮橋に立たされたならば、全大宇宙と自分というものは別のものではなく、一つになっている（神人合一している）。一元の親神の営みの道が悉《ことごと》く身にハッキリわかるようになるのです」（『武産合気』102ページ）

　前述のように「何事も〝天の浮橋に立たして〟から始まるのであります」（『武産合気』72ページ）と言われる重要な教えで、「天の浮橋とは、火と水の十字の姿である」（『武産合気』48ページ）と説明されています。

　水は「身《み》・身体」であり、開祖の別の言葉では「魄《はく》」です。火は「霊《ひ》・気・心」で「魂《こん》」です。胸を張って肩を落とした姿勢で真っ直ぐに立ち、吐く息、吸う息の結びによって気が天地間を流れている状態を指しています。

「天の浮橋、舞い上がり舞い下がるところの気を動かすことが肝要であります」（『合気神髄』28ページ）

　紙幅の関係で飛躍しますが、天の浮橋に立つことができるとスミキリの状態になります。

　植芝吉祥丸二代道主は、「『スミキリ』とは独楽《こま》が最高にフル回転しているさい直止しているごとく映るのと同様に、〈気・心・体〉が一如となって自在に発動されつつある時には無心無我、魂が静かに澄み切ってある状態に達することをいう」と説明を加えられています。

「こうして合気妙用の導きに達すると、御造化の御徳を得、呼吸が右に螺旋して舞い昇り、左に螺旋して舞い降り、水火の結びを生ずる。水火の結びは、宇宙万有一切の様相根元をなすものであって、無量無辺（無限大）である。この摩擦連行作用を生じさせることができてこそ、合気の神髄を把握することができるのである」（『合気神髄』87ページ）

　どうでしょう、開祖が杖《じょう》を持って舞われている姿が連想されませんか？

　※「摩擦連行作用」については「このような（宇宙に同化する）呼吸ができるようになると、（『武道練習』にある、城が周りを濠《ほり》で囲って守られているように）精神の実在が己れの周囲に集結して、列座するように覚える」（『合気神髄』87ページ）と書かれているとおりです。

『植芝盛平生誕百年　合気道開祖』の「スミキリて光と化す」に「気の流るるところ、おのずから金剛力を生ずるの理を示す開祖」の写真が載っています。頭（額）や杖を多人数で押してもビクとも揺らがないのは、開祖には押している人の力が掛かっていないからではないでしょうか。

　不思議なことに、呼吸によって気が天から地に流れ、体の中では頭頂部から臍下丹田を通って足の親指の付け根（母趾球）にまで流れるようになると相手の力を感じなくなります。

　次回は、合気の出現について考察し、△○□の意味なども探りたいと思います。

開祖ゆかりの地「笠間市」での教育委員会における中学校武道授業の取り組み

合気道を学んだ子供たちは未来を明るく照らす

文：笠間市教育委員会
今泉　寛教育長

開祖植芝盛平翁は昭和10（1935）年頃、「武農一如」の理想郷を作るべく、茨城県岩間の里（現笠間市）に移住。昭和19（1944）年に合気神社建立、昭和20（1945）年には合気道修練道場（現茨城支部道場）を創建。

笠間市は開祖ゆかりの地として、小中学校で開祖の功績を学習している。さらに、平成24年度からの中学校武道授業化を受けて、平成21年度から合気道導入の準備を進め、現在では市内中学校全6校で合気道を武道授業で行っている。

今回は、同市教育委員会今泉寛教育長に、合気道授業を採用した理由及び取り組みについて寄稿していただきました。

笠間市のすべての子供が合気道を学ぶ

令和元（２０１９）年８月25日、開祖ゆかりの地、合気会茨城支部道場敷地内に設置された特設会場において、「いきいき茨城ゆめ国体２０１９」の一環として合気道演武大会が開催されました。篝火が焚かれ、総勢約２千人が見守る中、茨城県笠間市内から稲田中、友部第二中、岩間中、みなみ学園の４つの中学校が演武を行いました。合気道授業を始めたばかりの笠間中、友部中は出場しませんでしたが、この年、市内すべての中学校（６校）で合気道授業を実施することができました。同年は、茨城国体の開催とともに、笠間市内全中学校で合気道授業を行うという目標を達成し、笠間市のすべての子供が合気道を学ぶという体制が整った記念すべき年となったのです。

中学校体育で合気道授業を始める

笠間市教育委員会が中学校体育の授業に合気道を導入しようと取り組みを開始したのは、平成21（２００９）年度のことです。平成24（２０１２）年度から、中学校保健体育で武道が必修になることを受け、武道指導の現状や地域の実態、運動の特性などを踏まえ、以下のようなことから合気道の導入を考えました。

○合気道の目的は、お互いに切磋琢磨し合って稽古を積み重ね心身の鍛練を図ることであり、自分を

友部中学校の武道館にて行われた、同校１年生の研究授業の様子

茨城国体・合気道演武大会で演武する中学生

高めていくことができる。礼法が重視され、相手を尊重することを学ぶことができる。

○対人動作（1対1）が基本であり、基本技能を身に付けていく段階において、お互いに教え合いながら技能の上達を確認できる。

○基本動作や姿勢（体捌きや呼吸法など）を身に付けることによって、無駄な力を使わなくても相手を崩す（投げる）ことができ、体力や運動能力の差に関係なく取り組みやすい。また、女子生徒にも興味を持たせやすい。

○体操着でも取り組むことができ、広い場所がなくても工夫次第で学習を進めることができる。

○笠間市の郷土教育の学び（開祖の功績を学ぶこと）をもとに、生徒の興味関心を高めることができる。

導入に当たり解決しなければならないことがありました。それは、市内中学校の体育担当教諭に合気道経験者や指導経験者がいないことです。そこで、茨城支部道場指導部の稲垣繁實師範や全国高等学校合気道連盟会長でもあった平澤憲次師範に相談をしたところ、ありがたいことに、全面的に協力をいただけることになりました。

平成22（2010）年8月、教育委員会主催で、講師を茨城支部道場指導部に依頼し、教員を対象に「第一回指導者講習会」を実施しました。また、合気道授業のカリキュラム作成にも着手し、参考とするため、同年11月に、新潟県加茂市の合気道授業を視察しました。

平成23（2011）年1月、稲田中学校で市内最初の合気道授業を実施しました。体育担当教諭を中心に教育委員会指導主事が協力者として参加しました。生徒への学習の指示は体育担当教諭が行います。また、外部指導者として、茨城支部道場指導部に協力を依頼しました。技能面はもとより、礼法や合気道に取り組む心構えなども指導していただき、興味関心を高めるために演武を実演していただきました。

震災からの復興と合気道の精神

同年3月11日、東日本大震災が発生しました。稲田中学校の合気道授業を終えた3月上旬、次年度から他の中学校の体育授業にも合気道を導入しようと、学校と教育委員会で成果をまとめ始めた矢先のことでした。

笠間市は震度6強を観測、道路や建物に大きな被害を受け、さらにライフラインも停止、多くの市民が避難所生活を強いられました。授業を行った稲田中学校の体育館の天井が落下し、使用できなくなりました。日々稽古が行われていた茨城支部道場も大きな被害を受け、使用できない状況となってしまいました。

このような中、いちばん早く支援物資を届けてくれたのが、開祖植芝盛平翁のご縁から友好都市を結んでいる和歌山県田辺市でした。心温まる支援に感謝するとともに、相手を尊重することにより、お互いに切磋琢磨していく合気道の精神が田辺市の人々に深く根付いていることに感銘を受けました。大震災からの復興とともに、笠間市のすべての子供たちに合気道を学ばせたい、との思いが一層強くなりました。

郷土教育で開祖の功績を学ぶ

笠間市教育委員会は「世界で活躍できる人づくり・地域を支える人づくり」を掲げ、郷土教育に力を入れています。特に、笠間市内外で活躍し、地域や日本の発展に力を尽くしてきた先人たちから学ぶことを大切にしています。合気道を創始した開祖植芝盛平翁の功績を学ぶことは、笠間市の子供たちに自信と誇りを持たせ、未来を生き抜く力の源となります。

植芝盛平翁については、小学校社会科副読本「かさま」の中で「郷土の伝統・文化と先人たち」として取り上げられています。また、平成25（2013）年度に作成し、小中学校の副読本として活用している「かがやく笠間の先人たち」の中で「世界に広まった合気道の創始者」として取り上げられています。

さらに、平成29（2017）年度からは、郷土教育「笠間志学」を開始し、小学4年生の総合的な学習の時間の中で、植芝盛平翁の功績を調べたりまとめたりする学習を行っています。

小学校で開祖の功績を学ぶ郷土教育を行い、そこで学んだことを中学校の合気道授業につなぐことで、義務教育期の子供たちの心と身体を鍛え、「世界で活躍できる人・地域を支える人」づくりを進めようと考えました。

合気道授業で国際理解を深める

合気道が世界140の国と地域に広がっていることを実感できるのが、笠間市の岩間地区です。茨城支部道場があることから、世界各国から合気道を学ぶ人々が修業に来ており、稽古に励む姿や奉仕作業を行う姿が見られます。道場に宿泊しながら修業を続ける外国の方は、中学校の合気道授業にも来てくださり、指導に協力してくれます。

中学生は、世界中に合気道を学んでいる人がいることに驚き、はるばる日本に来て合気道に打ち込んでいる姿に感激します。また、英語を含め様々な国の言葉を耳にする貴重な体験の場にもなっており、合気道を学びながら自然に国際理解を深めることができます。このことは、茨城支部道場ならではの取り組みであり、このような環境を整えてくださる茨城支部道場指導部のご厚意に感謝をしているところです。

合気道授業の良さが理解され、授業を広めたい

市内すべての中学校で合気道授業が実施されるようになって2年目の令和2（2020）年度、友部中学校が茨城県教育委員会から「武道推進モデル校」に指定されました。

同年11月には、新型コロナウイルス感染症の感染防止対策を取りながら研究授業を実施しました。研究成果を通じて、合気道授業の良さが理解され、合気道授業が他市町村の中学校に広まっていくことを願っています。

そのような中、水戸市立飯富中学校で合気道授業を行っていることがわかりました。指導しているのは、岩間中学校から異動した体育担当教諭でした。岩間中学校での取り組みをもとに積極的に指導に当たっていることを知り、大変うれしく思いました。これからも、笠間市で合気道授業に取り組んだ教員が異動先の中学校で合気道授業を広めてくれたらと願います。

今だ収束の見えない新型コロナウイルス感染症ですが、合気道授業で学んだ子供たちは、合気道の精神をもって、この状況を必ず乗り越え、未来を明るく照らしてくれると信じています。そのために、今後も、中学校体育の武道に合気道の積極的な導入と推進を図ってまいります。

世情が乱れているコロナ禍の中での生き方を問う！

寂滅《じゃくめつ》の刃《やいば》

（公財）大和青少年文化研修道場　理事長
曹洞宗　瑞雲山　三松寺　皆川大真住職

昨年から世界中、コロナ感染予防生活が続いていますが、皆さま、いかがお過ごしでしょうか。

当寺の文化研修道場は、おかげさまで本年設立50周年を迎え、記念式典ができますよう願っております。合気道部・剣道部・空手道部・書道部・茶道部・坐禅部各部員並びに関係者各位の感染予防対策にご苦心の姿に感謝と身体健全を日々祈っております。

諸嶽奕堂《もろたけえきどう》禅師が解く 全集中の呼吸を心得て、いつでも静寂を調える智恵

江戸末期、諸嶽奕堂禅師は明治維新に向かう動乱の時代、廃仏毀釈の不安の中で、参禅者に向かって三つの問題を出されました。

一、剣は己れ以外のものなら何でも斬るのに、己れを斬れないとはどうしたわけか。

それでも宝剣（佛道修行）と言えるか、さあ答えなさい。

……愚剣（エゴ）は剣自身を斬らない、それ以外のものなら何でも斬る。世間で何事かが起こると、人の能力、社会、体制、運命、神仏などのせいにして非難ばかりする。「俺はこんなに尽くしているのに！」と。

愚かな見識の『剣』は、自己を凡人だからと棚上げしている。

ところが真の宝剣は自己をも斬る＝向上（親切丁寧な無我の行）し、自己を忘れて精進する。

剣と一つになる『身心一如《しんじんいちにょ》』。例えば、ハンドルを握れば、人馬一体。雪や雨（不安）の中でも、安全運転ドライバーとなる。また包丁を握れば、季節や食べる人に応じて調理法にかなった美味しい料理を作る。つまり活人刃となる。人を傷つける武器ではない宝剣である。

二、佛魔同面を見分けよ！

……一番悪質な魔は、仏さんの面を被って出てくる。警戒のいらな

曹洞宗三松寺の坐禅堂正面に描かれた、中国禅宗の初祖といわれる達磨大師

い安全安心慈悲の溢れた姿で現われると、見分けがつかず、騙される。神のため、平和のためにと、テロを実行する。目や耳が快適魔に誘い込まれるのである。

　曹洞宗の開祖である道元禅師は、「人に騙せられず、人に振り回されない」と言われた。また、修行の工夫とは自分の脚下《きゃっか》にありとも言われた。

奈良時代、延暦 4 年 (785) 富雄の地に、桓武天皇の皇后・藤原乙牟漏が万民富楽の勅願寺として建立。江戸時代の寛永 16 年 (1639) 、大和郡山藩城代家老松下将監供養のため、現在の奈良市七条の高台に士族寺として再建立されました。

　SNSでいいね！　と褒められると急に調子づく。

　逆に、感染や自粛で他人に「迷惑を掛ける」と悲観して、引越しや自殺を考える。生老病死を煩わしいと思う暮らしの中では、『迷惑掛けるな魔』が増え出し、相手に柔軟に合わせる行動やおかげさま、お互いさまがいなくなる。

三、熟睡の時、放過せざる道如何！

……熟睡の時（身心を打ち込んで精進すると熟睡あり）、放過の時（精神疾患、ノイローゼはいたずらに過去を責め、未来を恐れたり憧れたり、あれこれ妄想して不眠症の日々を過ごす）。

　ウィズコロナの時、健全な精神とは？

　種々の難関を突破する力は、機械や文字・言葉の中に答えがあるのではない。どこでも、いつでも丁寧に苦心して生きる、身心明瞭な只管《ひたすら》の妙修にあり！

　曹洞宗初代管長（明治時代）になった奕堂禅師は時代の難関を突破する道を見事に指導された老婆心、大力量の方です。

　昨年、目に見えない新型コロナウイルスは、その恐怖が憎悪や偏見を世間に助長させました。

　お釈迦さまは「正しく考え、正しく行動することが大事である」と説かれます。

　危機に直面して不安に怯えること自体は、命を守るための当然の反応です。しかし、感情が高ぶると理性を見失い、感染者や医療関係者にも心ない言葉を浴びせ、誤まった情報を鵜呑みにして混乱し、ストレスから慌てふためきます。

　ゆったり全集中の呼吸を心得て、何時でも寂（静寂）滅（調える）の刃（智慧）を。

禅語が伝える
稽古、修行の大切さ

禅語『稽古照今《しょうこん》』

（いにしえをかんがえて、いまをてらす）

「今」とは過去の結果の現われであると同時に未来の出発点です。『稽古照今』とは他人の経験を今に生かすという意味。過去の方々の研究や苦心、成功や失敗を学ぶ＝「稽古によって学んだことをこれから生かそう」と自分が意識することで、「学ぶ意味」が生まれる。

禅語『脚下照顧《しょうこ》』

　稽古照今の対句の禅語

（あしもとをしっかりみて、こころをととのえる）

　焦っていると視野が狭くなり、自分の思いどおりにいかないと「腹が立つ」。

　気に入ったものに囚われると、同時に気に入らないものにも囚われてしまう。「煩悩」を英語で「イリュージョン illusion」「幻」と言います。

　玄関で靴が乱れていたらそっと揃える、手を消毒する。そういう一つひとつの物事を、丁寧に、注意深く行う自分を育てる「修行」を大切に！

親子合気道体験講座

開催レポート

子育て支援として東京都足立区は様々な教室、講座を開いている。子供を持つ家庭のよりよい暮らしと安全を応援してくれるものだ。その一つとして、親子で合気道に触れ、体験できる合気道体験講座が開かれた。なかなか触れる機会のない合気道への入り口として、今回は自由な気持ちで合気道を学ぶ親子の様子をレポートしよう。

足立区役所の多目的スペースで親と子供が合気道を楽しく初体験！

サポート役で今回参加した居ケ内君は日頃足立区総合スポーツセンターで合気道を稽古。6年の経験者だ。「教えるのは難しい」とのこと

足立区が行う親子支援の体験イベント

東京・足立区役所の多目的スペース。親子が組みあって合気道の基本を一から練習する。一見ぎこちなく、いかにも初心者の動きそのもの。でも体験スペースに流れるなんともゆるやかな空気は、とても微笑ましい。合気道の「稽古」や「演武」が持つ緊張感のある迫力とは違った、自由で楽しい時間が流れていた。

東京都の東側、足立区では区の主導のもと様々な親子支援、子育て支援が行われている。モノづくりからゲームなど、親子がともに一つの時間を共有するイベントが幅広く実施されている。

2回目となる合気道体験講座は、足立区親子支援課から委託を受けた「NPO法人ぷらちなくらぶ」が企画運営を行っている。「合気道は、決して他人と戦う競技ではなく、武道としての礼節を学べると思い、体験講座を開きました」とのことである。

合気道の持つ精神性・礼節に魅力を感じた参加者

今回の合気道体験講座を指導するのは足立合気会の安達昌人会長。現在87歳という年齢が信じられないほど若々しく元気良く指導を行っていた。今回は合気道の基礎・基本を入念に、しかも楽しく自由に味わってもらうべく安達先生みずから練習メニューを作成。

安達先生のサポートとして選ばれたのはオレンジ帯の居ケ内《おりがない》進くん。12歳小学6年生の足立合気会の会員。足立合気会は足立区総合スポーツセンターにて、定期的に稽古している。入会金無しで一般部は月3回、少年部は月2回の稽古。そのうち月に2回は金澤威本部道場指導部師範が指導を行っている。今回のサポート役、居ケ内君はここで6年間合気道を学び上達した。

足立区のホームページや案内通知でこのイベントを知り、今回参

まずは礼儀。親子ともどもマットに正座しきちんと礼をする。こうした礼節に、皆さん合気道の魅力を感じていた

加したのは8組。子供たちは幼稚園や保育園の幼児から中学生まで幅広く、1組を除いて皆さん合気道を初めて経験する初心者だ。

　体験は、正座一礼、準備運動・柔軟運動から始まり、受身の動作・姿勢を学んでいく。そして合気道の基本技を体験習得していく。

　参加された親子の皆さんの声を聞くと、こうした合気道の礼節を重んじる武道精神を身につけたいとの感想が多かった。

　小学1年生の男の子と参加されたお母さんは「強くなってもらいたい、体幹を鍛え、そして姿勢や礼儀を身につけてほしいと思い参加しました」

　保育園の年少、年長（男の子）、小学2年生（女の子）と参加されたお母さんは「上の2人の姿勢を正したく、合気道で学ぶ日本ならではの忍耐や礼儀などを身につけてもらいたかった」と。

「合気会としてもこうした初心者体験イベントは大歓迎です。日頃我々の稽古は微に入り細に入り指導していくのですが、ここではすべてがゆったりと、でも皆さん楽しそうでうれしくなりました」と取材担当者である日野皓正本部道場指導部指導員は話す。

足立合気会安達先生の丁寧な指導で親子が奮闘

　体験は休憩をはさみおよそ2時間。合気道の基本技を覚えようと親子で向かい合い、反復練習を行った。でも皆さんコツをつかむのが難しそう。とにかく動きを真似て練習する。そんな中、非常に上手な親子がいた。中学1年生の女の子とお母さん。

「実は合気会のある道場で幼稚園の時からもう6年やっています。我が家は女の子2人なので護身用にと合気道を始めました」

　初めて合気道に触れる親子は、技の動きを理解するのに四苦八苦。

「足や手をどう動かすのか、見ているとわかるんですが、実際やってみると難しいですね」と小学1年生のお母さんは頭をひねる。

「子供と一緒に身体を動かすことがないので、こうした機会は非常にうれしい」。幼稚園年長と小学2年生のお母さんはじんわりと汗をかいていた。

　初の合気道体験講座は充実の内容で、皆さん「来て良かった」と話してくれた。こんな合気道の入り口があっても良いかもしれない。

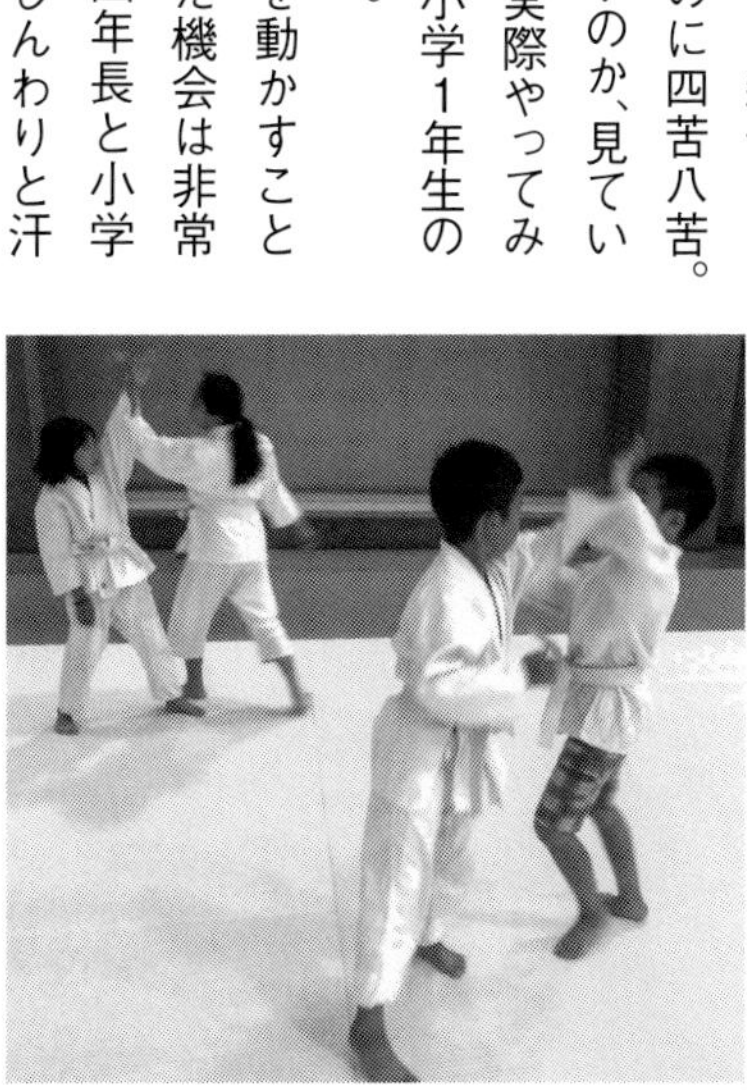
足立合気会の会員は子供から大人まで多彩。限られた稽古日の中で合気会の精神に即して真剣に稽古している

イベントを運営した「NPO法人ぷらちなくらぶ」

ぷらちなくらぶとしては、初めて合気道体験講座を企画運営

「ぷらちなくらぶ」は介護や小規模の多機能ホームの運営、児童支援や子育て支援を幅広く行うNPO法人だ。今回の合気道体験講座は、足立区から委託を受けて開催し、マネジメントを担当している。ほかにも様々なイベント展開を担っている。

「AOI TYO Holdings株式会社」会長
吉田博昭

私が合気道を始めたわけ

私は世間では〈高齢者〉の部類に入る年の者です。平成29（2017）年の2月に合気道を始め、毎週1回、本部道場指導部の鈴木俊雄師範の個人稽古をいただき、お陰様で昨年の1月やっと初段になりました。植芝守央道主から〈證〉をいただき感激したのは忘れません。

私は広告（主としてテレビCMやWEB動画）制作会社の、現在は〈会長〉という立場です。今から39年も前に仲間5人で作った会社が運良く成長し、東証一部に上場するまでになりました。その後、もう一社の大手と資本・経営統合し、私は若い人たちに経営の現場を任せることに決めました。それが平成29（2017）年のこと。ラクになりました。

元々が多趣味で、いわゆる〈仕事一筋の人間〉ではありませんでした。スポーツは乗馬、スキー、ヨット、それにシュノーケリングなどが好きです。おおむねすべての季節に、それらのことを妻とともに熱心にやっていたのは、第一線の〈代表取締役社長〉の時からです。

広告業界の経営者というものは、一般的に、仕事のほかには2つのことしかやりません。接待酒とゴルフです。どちらもやりすぎて多くの人は五十代で病気になります。例えば、ある大手広告代理店の役員は定年退職すると『おおむね5年で死ぬ』といわれています。

私は若い時から業界で名高い〈変人〉でありまして、『ゴルフやらない、銀座で飲まない、カラオケ唄わない』という大変付き合いの悪い人間、と認定されて40年。このような人間が、〈会長〉というヒマな立場になって、前記のごとき理由から健康状態も非常に良好なので『ぜひ武道をやりたい』と考えたのです。

二十代のころ1年ほど空手道場へ通ったことがあったのですが、四級で終わりました。その道場はちょっと乱暴な傾向があったのかな。突きや蹴りは当然〈寸止め〉にするルールなのですが、止まらずに当たってしまうことが頻繁にありました。初心者の自由組み手では、お互いにカッときて最後には猫パンチの応酬になる。これは個人的な意見ですが、攻撃を直前で止めるというやり方に不自然さがあるような気がします。

合気道本部道場を見学に来た時、『合気道には勝敗を決める試合がない』ということを伺って、なるほどと納得できるものを感じました。他の武道はスポーツ化あるいはゲーム化するために寸止め、禁じ手、時間制限、体重別、そして防具など実戦ではあり得ないルールを定着させました。でも私が伺ったお話では『合気道は武道本来の姿勢、つまり戦場で敵を制圧する術であり続ける』しかも『後手から打つ専守防衛の技』と理解できました。

3年間、鈴木師範に直接個人指導をいただいて、実際にそのとおりであることに、あくまで初段のレベルですが、少し気づきました。指導者の方々は強いだけではなく、ほめて伸ばすという大変ありがたいやり方をしてくれるので、私のごときものでもなんとかやり続けることができ感謝しております。ほんの少しずつでも上達できればと思っております。

http://kuritabi.tyo.jp/

※多趣味の域を越え、WEB連載小説『CMクリエーターの長い旅』を執筆。このQRコードもしくはURLから読むことができます。また、書き下ろし文庫として幻冬舎より出版されており、全6巻となる予定。

問わず語り

「一丸株式會社」代表取締役

寺杣晃一

合気道「力の教え」

オフィスの入るビルエントランス前にて

「もっと力を抜きなさい、そんなに頑張ってもだめだ」。師範からこの教えを何度受けたことか。

高校時代に強くなろうと、住まいの近くの道場を訪ね、ご縁により入門させていただく機会を得た。道場は禅宗のお寺にあり、師範は「こだわりを捨てる」という合気道を説かれた。「合気道で稽古するのだ」と。

「合気道を稽古しよう」との思いで入門した私は、その道理もわからぬまま、力まかせに稽古に励んだ。師範、合気道の教えを敬愛する仲間たちと恵まれた時間を享受した。「合気道で稽古する」の意味を感じ始めた頃、今後も能々《よくよく》修練するようにと、黒帯を賜った。「これは栄誉でも、負けて返上できるベルトでもないよ」

大学に進学し、合気道部を訪れた。部活は本部道場師範が指導をされ、強さに惹かれた学生たちが集った。

「先生、強いとはどういうことでしょうか？」

師範は「温かいってことですよ」と静かにひと言。技能的な回答を期待した学生はその教えの深さに圧倒された。そして師範は、闊達さ、挨拶、礼儀、整理等、「まず心を整えずに何の修練になるか、当たり前のことに気づきなさい」と。学生向けに技能以前の指導に苦慮されたことであろう。厳しくも澄んだ教えに、合気道という武道に益々魅了され、求める強さも少しずつ変わっていった。

卒業後、不動産会社に就職が決まり、仲介業務に配属された。予想以上に仕事は難しく、もがき苦しみ溺れていく。初めての成約に向け、目先の成果に勇んだ。結果、トラブルに発展。上司は誰にも迷惑のかからない形で夜遅くまでかかり、この揉め事を収めてくれた。情けなく、いたたまれない気持ちであった。その夜、下戸だった上司は入社後、初めてお酒を誘ってくださった。「祝杯しようか」と。

なぜ祝杯？「仕事は結果だけではないから」と。社会道場は苦いお酒ではあったが、すべてに通じる人情の機微をみた。

良き指導者につき、道理を知る。これは仕事でも合気道でも、人生で大切なことである。指導者のもと、良い経験を重ねると、社会の利に適うと成果となることに気づく。こんな当たり前の基本により、楽に歩み出せる。すると成果の方から近づいてきた。「あれ、力が抜けてきたかな」。思えば歩み出すことも、力が抜け、初めて動き出せる。バランスを崩しながらも、自然と次の足が出て前進となる。

昨今の困難に、師範の教えが聞こえてきた。「もっと力を抜きなさい、そんなに頑張ってもだめだ」。仕事でも、しなやかに対応できる力をつけ、より良い人間力を養い社会貢献に努めよう。それが、これまでの教えに報いることであると確信している。

これまでご指導いただいた先生方、合気道の教え、そして仲間に深謝して。

連載 第5回

合気道の稽古に役立つ！ スポーツ心理学から紐解く 心と身体の不思議な関係

文：園部 豊

園部 豊＝そのべ・ゆたか
帝京平成大学 現代ライフ学部 経営マネージメント学科講師。日本スポーツ心理学会、日本武道学会他、多数の学会に所属。主な研究項目は、運動によるストレス対処力の発達機序に関する研究、スポーツ選手・指導者のストレス対処および心理的ケアに関する研究。合気道参段

第5回：稽古復帰のための行動変容

前回の連載では「怪我に関わる心の問題」をテーマに、怪我の原因には心理的要因も関わることや、復帰後においても稽古仲間で一体となったサポート環境の構築が必要となることを解説しました。

今回は、「怪我からの復帰後、どのように稽古を再開、継続するか」について解説をしていきます。

周囲の方々もサポートとして援用できることも多いですが、最も重要な自身の意識をもとにした行動を中心に進めます。ぜひ、参考にしてみてください。

Ⅰ．継続した稽古参加のために

1．どのように稽古を再開、継続するか

復帰後の稽古の継続は、大きな不安材料の1つとなります。すぐに定期的な稽古参加に戻ることができる人もいれば、最初の数回参加したが自然と道場から足が遠のいてしまう人、行きたい気持ちはあるが再発が不安で最初の一歩が踏み出せない人など、様々だと思います。

人は目的とする行動への準備性（意図）に応じて、その後の行動が変容（行動変容）していきます。スポーツ心理学では、適切な行動（例えば、健康の維持増進など）の獲得を目的とした行動変容の研究が行われています。

これらの研究では「人はなぜ行動を起こし、継続するのか」を主眼に、行動変容を促すための理論と現場での応用について検討が行われています。現在、最も用いられている行動変容の理論に、**トランスセオレティカル・モデル（Transtheoretical Model：以下TTM）**があります。TTMは禁煙サポートにおいて考案されたもので、喫煙者に無理に禁煙を求めるのではなく、禁煙行動への準備性によってサポートを変えていくことで、禁煙への行動変容を促す考え方です。例えば、医師から禁煙するよう指導されたとして、禁煙をそもそもする気がない人、禁煙をする気はあるが行動に移していない人、禁煙をして半年以上の人などがいるように、それぞれ禁煙への準備性によってサポートが異なります。

つまり、怪我からの稽古復帰に関しても、稽古への準備性によって本人が取り組むべきこと（または周囲

のサポート内容）を変えていくことで、稽古復帰・継続への道が大きく開けるのです。

ＴＴＭ（図１）は①変容ステージ、②自己効力感、③意思決定バランス、④変容プロセスの４要素で構成される包括的なモデルです。

中核となるのは変容ステージであり、残りの３要素を用いながら、いかにステージを移行していけるかがカギとなります。

では、前号で稽古中に腰を痛め稽古から離れているＡさんに再び登場してもらいましょう。Ａさんはいまだに稽古復帰ができない状況ですが、トレーニングは順調であり稽古復帰へのモチベーションも保たれています。今回はモデルケースとしてもう一人、Ｂさんにも登場してもらいます。ＢさんはＡさんと同じような怪我をして一時稽古から離れていましたが、最近復帰して週１日の定期的な稽古参加に戻っています。ＡさんとＢさんの心情や行動に当てはめながら、それぞれのＴＴＭの概要と活用事例を解説していきます。

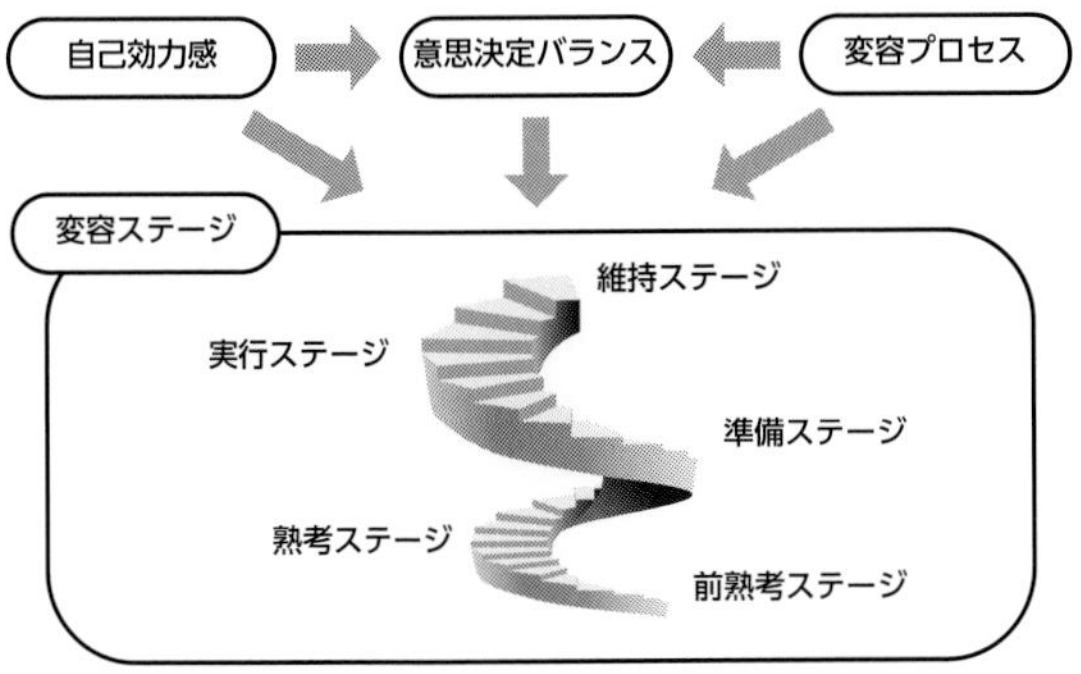
自己効力感
意思決定バランス
変容プロセス
変容ステージ
維持ステージ
実行ステージ
準備ステージ
熟考ステージ
前熟考ステージ
図１　トランスセオレティカル・モデル
（Transtheoretical Model：TTM）の概念図

2. ＴＴＭの概要と活用事例

⑴変容ステージ（図２）

人の行動変容には、「前熟考ステージ」→「熟考ステージ」→「準備ステージ」→「実行ステージ」→「維持ステージ」の５つのステージの過程があり、後期にステージが移行していくほど、行動変容が起こる可能性が大きいとされています。しかし、これらのステージは直線的に移行していくのではなく、図１のように前後のステージを行き来しながら螺旋階段のように移行することが特徴です。まさに「急がば回れ」となります。

Ａさんは復帰に必要な目標設定をして、日々の生活で気をつけることやトレーニングを少しずつ行い始めました。怪我に対する不安は多く残されていますが、稽古復帰への準備性が低くないことがわかります。すぐには稽古への復帰は難しいかもしれませんが、復帰の意思はありますので「熟考ステージ」に当てはまります。仮にトレーニングが順調であり、近いうちに復帰の見込みであれば「準備ステージ」となります。

Ｂさんは稽古を定期的に行っていますが、復帰して間もない状況ですので「実行ステージ」に当てはまります。

⑵自己効力感（図３）

ＴＴＭにおける自己効力感とは、「行動を妨げる要因を克服する見込み感や自信感」を示します。人の自己効力感が増加すると、変容ステージも後期へ移行することがわかっています。自己効力感を増加させるため

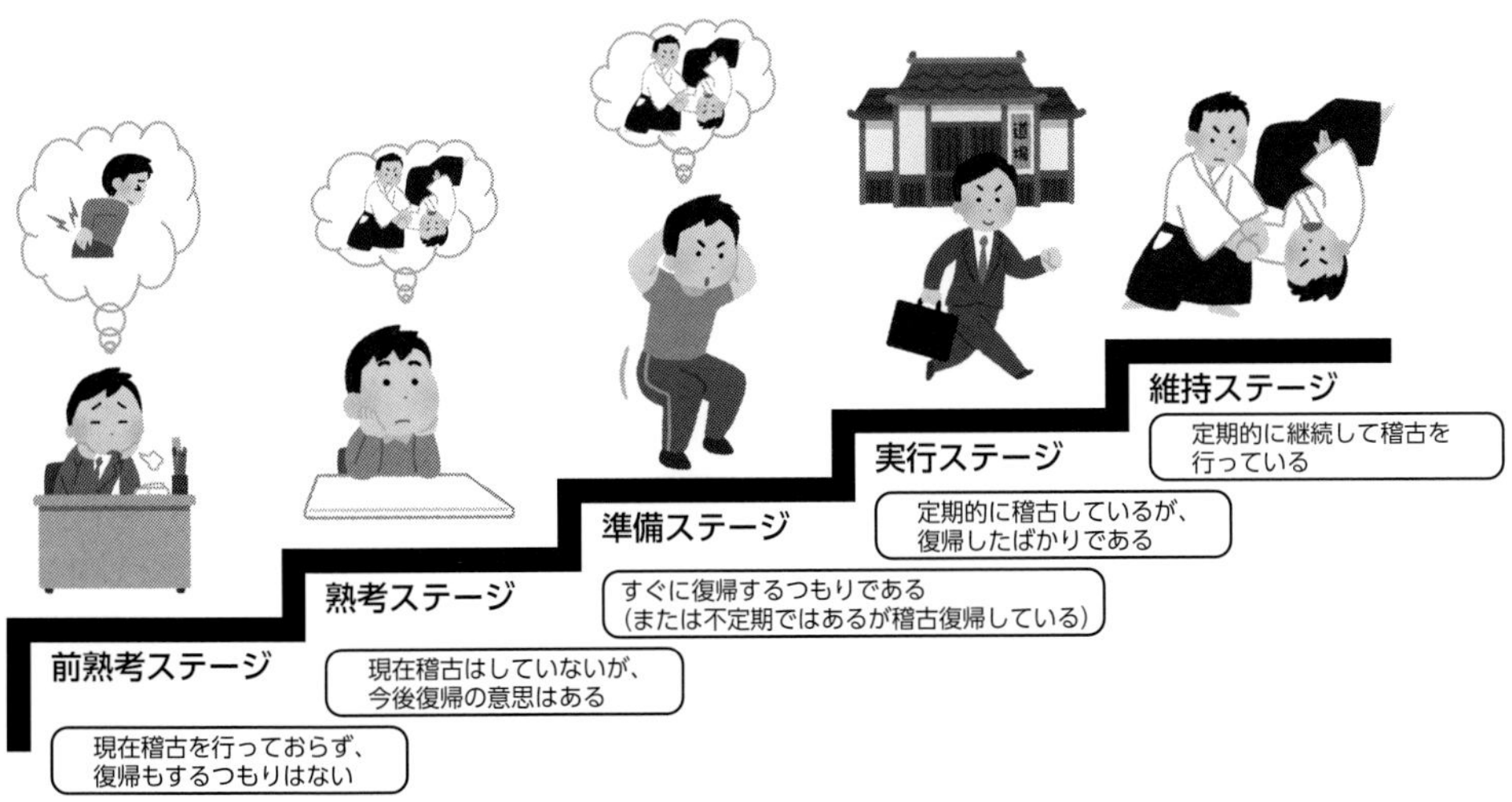
維持ステージ
定期的に継続して稽古を行っている
実行ステージ
定期的に稽古しているが、復帰したばかりである
準備ステージ
すぐに復帰するつもりである（または不定期ではあるが稽古復帰している）
熟考ステージ
現在稽古はしていないが、今後復帰の意思はある
前熟考ステージ
現在稽古を行っておらず、復帰もするつもりはない
図２　変容ステージの各特徴

には、４つの情報源が有効となります。

Ａさんは日々のトレーニングによって職場での階段昇降が楽になり、回復への変化を実感し嬉しくなりました（生理的および情動的喚起）。さらには、同じような怪我の状況であった稽古仲間からの復帰過程を聞かせてもらい（代理的体験）、復帰への自信がさらに高まりました。

この場合、Ａさんの自己効力感が増加していることが予想されます。稽古復帰はまだしていませんので「実行ステージ」への移行は難しいですが、少なくとも変容ステージが逆戻りするリスクは少なくなります。

Ｂさんは稽古中に指導者から「無理せず、この調子で頑張りましょうね」と声を掛けてもらい一段とモチベーションが上がりました（言語的説得）。また、本調子ではなかったとしても1時間の稽古が達成できていることを実感しています（成功体験）。Ｂさんの場合も自己効力感の増加が見込まれ、「維持ステージ」への移行も見えてくることになります。

自己効力感
① 成功体験
成功や達成したという経験
例・復帰後１時間の稽古を行うことができた
・稽古復帰へ向けたリハビリメニューを１か月間継続することができた
② 代理的経験
類似する状況にある他者の成功や問題解決を学ぶ経験
例・怪我から稽古に復帰した人の復帰過程を参考にする
③ 言語的説得
権威や信頼のある人から承認される経験
例・指導者や稽古仲間が「よくできてますね」と言って認めてあげる
④ 生理的・情動的喚起
身体や感情の変化に気づく経験
例・職場の階段昇降が楽になってきた
・１時間の稽古でも息があがらなくなってきた

図３　自己効力感を増加させる４つの情報源

(3)意思決定バランス（図４）

人は恩恵（メリット）と負担（デメリット）を天秤にかけ、恩恵の方が大きいと判断した場合、その後の意思決定に影響を与え、行動変容が促進されます。これを意思決定バランスといいます。

図２の変容ステージが後期になるほど、目的とする行動に対する負担が低く、恩恵を高く見積もっていることが特徴となります。

「熟考ステージ」に位置しているＡさんの稽古参加への意思決定バランスは、「また楽しい稽古ができる」「稽古仲間に会える」などの恩恵を認識し始めている一方で、「また怪我をするかもしれない」「合気道が下手になっているかもしれない」などの負担をいまだに多く認識しており、意思決定バランスが負担に傾いていることがわかります。今後Ａさんの中で負担の見込みが増えてくると、「前熟考ステージ」への逆戻りもありえ

	変容プロセス	定義と事例
認知的方略	意識の高揚 （気づき）	知識を増やして行動変容への関心を持つこと 例：怪我に関連する本や『**合気道探求**』を読む
	感情的な体験 （ドキリ）	リスクに注意する 例：稽古をしない→太る→健診に悪影響が出るという連想をする
	自己の再評価 （イメージ）	結果について気にかける 例：昇段審査でうまくできている自分をイメージする
	環境の再評価 （影響）	周囲への影響について考える 例：稽古後にいつもの居酒屋へ行けば、店の大将が喜んでくれるイメージをする
	社会的開放 （世の中の動き）	世の中にある代替手段を探す 例：自宅稽古の紹介動画を試してみる、開祖の動画を探して動きを真似てみる
行動的方略	拮抗条件 （代替）	変化や維持が見られない時の代替行動を行うこと 例：稽古頻度を調整してみる
	援助関係の利用 （サポーター）	行動の変化や維持のために、他者からの援助を受けること 例：定期的に稽古に誘ってもらう
	強化マネジメント （ご褒美）	行動を維持するための自己および他者からの報酬 例：週３回の稽古参加が達成できれば、コンビニでスイーツを大人買い
	自己の解放 （宣言）	行動の変化や維持のための決意や信念 例：家族や仲間に定期的な稽古参加を宣言する
	刺激コントロール （きっかけ）	行動維持のための刺激を増やす 例：玄関脇など目につくところに道着を置く

表１　変容プロセスの定義と事例

るので、注意が必要です。

「実行ステージ」に位置しているBさんの稽古参加への意思決定バランスは、「稽古は自分を整えることに必要」、「稽古復帰を家族が喜んでくれている」などを実感しています。つまり、Bさんは稽古への恩恵を多く認識しているからこそ、稽古参加という定期的な行動を起こしているわけです。

⑷変容プロセス（表1）

変容ステージを後期に移行していくための、具体的な取扱説明書の役割を担っているのが変容プロセスです。「認知的方略」は考え方へアプローチすることによって行動変容のきっかけを促す方略で、変容ステージが前期に位置している人へのサポートに有効となります。「行動的方略」は行動へアプローチすることによって行動変容や維持を促す方略で、変容ステージが後期に位置している人へのサポートに有効となります。

変容ステージの前期に位置しているAさんへは、認知的方略をベースとしたサポートが有効です。Aさんは、稽古復帰に向けて合気道に関する動画を見たり**『合気道探求』を読んだりして、**意識を高めていきます（意識の高揚）。

また、稽古復帰へのモチベーションが下がってきた時には、稽古をしている自分と、していない自分をイメージして改めて稽古の大切さを認識しました（自己再評価）。

変容ステージの後期に位置しているBさんへは、すでに稽古復帰していますので行動的方略が有効となります。Bさんは、最初の1か月間毎週1回、休まずに稽古参加が達成できればコンビニでスイーツを大人買いすることを決意しました（強化マネジメント）。また、玄関脇に道着を置いて稽古への意欲をいつでも思い出せるようにしました（刺激コントロール）。

以上のように、稽古への準備性によってその時に位置する変容ステージがあり、サポート内容もそれぞれ異なります。共通することは、変容ステージを後期に移行していくには「自己効力感の増強」、「稽古参加に対する恩恵の認識」、「変容プロセスの方略を各所で用いる」になります。

Ⅱ．まとめにかえて

今回は、「稽古復帰のための行動変容」というテーマで解説していきました。前述しましたが、人の行動は図1の螺旋階段のような変容過程を示すため、時には変容ステージが逆戻りすることもありますし、TTM自体が万能というわけではもちろんありません。しかし、本人が稽古への準備性を自覚し、周囲もその準備性に合わせたサポートを行っていけば、稽古復帰への着実なる一歩となります。これらが周囲への思いやりの気持ちと、克己の気持ちを養っていくことに繋がれば、怪我もまた稽古の1つとして臨めるのではないかと思います。

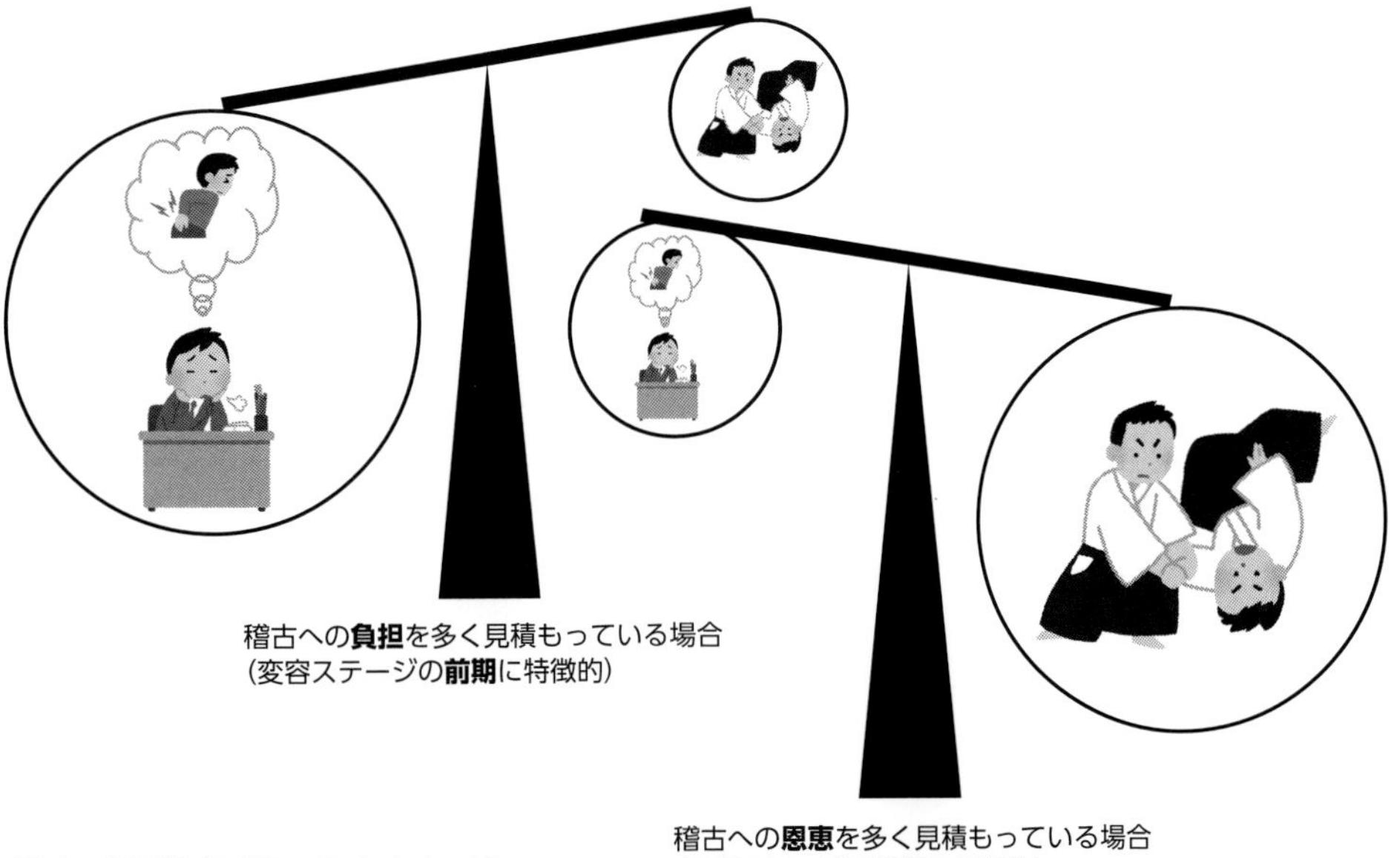

図4　意思決定バランスのイメージ

合気道仲間のお仕事拝見！

バイクマフラー製作販売——
尾藤一則

幼い頃に多摩テックで乗ったゴーカートで味わった興奮！
以来、バイクの魅力に取りつかれてきた尾藤さんは、
バイク雑誌の編集を経てマフラー製作にたどりつきました。
独自に性能を追求する仕事ぶりは、まさに職人の中の職人です。

PROFILE
尾藤 一則 びとう・かずのり
バイク好きが集まる社会人クラブに所属していた縁で、バイク雑誌の編集部立ち上げ時に未経験ながら出版社に転職。雑誌作りとバイクレースを経験し、自らバイクの販売会社を設立。部品製作を経て、現在作っているマフラーは受注制限するほどの人気。合気道初段。

バイク好きが高じて バイク雑誌編集部へ

私はもともと、消防士だったのですが、当時、バイクの社会人クラブに入っていて、仲間のカメラマンから、「今度、バイク雑誌が創刊するけど、好きならそこで編集の仕事をやってみない？」と誘われました。大好きなバイクの取材をして、新車が発売されれば試乗もできる。こんなに楽しい仕事はないと思い、転職しました。

私がバイク好きになった原点は、今は閉園してしまった遊園地・多摩テックに連れて行ってもらった幼稚園生の頃にさかのぼります。初めてゴーカートに乗った時にとても楽しく、「大きくなったらクルマに乗って走るんだ！」とワクワクしたことを覚えています。

16歳になると、すぐにバイクの免許を取り、18歳になったらクルマの免許も取りました。なかでも、パワーとスピードを直接身体に感じることができるバイクの方が好きになりました。就職して20歳になると、カワサキ500SSマッハで青梅街道をかっ飛ばす日々。当時はまだローンがなく、毎月手形を切ったものでした。

生まれ育った新宿を飛び出し アメリカで過ごした2年間

消防士から『プレイライダー』というバイク専門誌の編集部に転職したのは、21歳の時です。未経験でしたが、バイクに触れられる仕事は楽しく、学びながら必死にこなしていきました。

ところが、オイルショックの影響で多くの出版社が倒産。それをきっかけに、バイク仲間とともにアメリカのカリフォルニアに旅行に行きました。昭和49（1974）年のことです。そのうち、アメリカのホームドラマで見たグレイハウンドバスでの大陸横断をやって

尾藤さんが製作したオリジナルマフラーを取り付けた、ホンダ・クロスカブ110（スーパーカブ110のバリエーション・モデル）

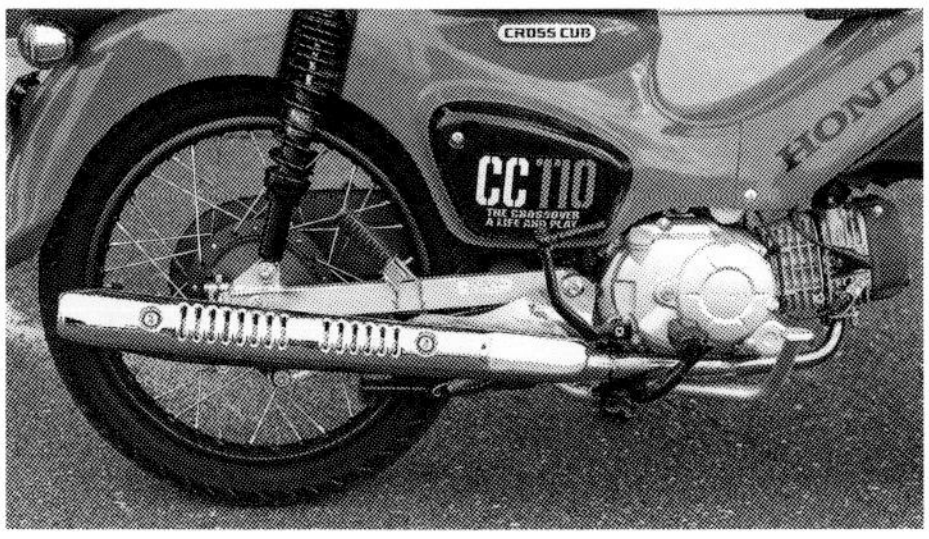

オリジナルマフラーにも、クロスカブに標準装備されているマフラーカバーを装着できる。それによって、ひそかにバイクをパワーアップさせられる

みたくなり、ニューヨーク行きのバスに乗り込みました。3日間バスに揺られて到着したあと、たまたま知人がニューヨークに住んでいたので居候を決め込み、ミュージアムを観て回りました。

新宿生まれ新宿育ちで、新宿から出たことのなかった私は、一度は知らないところに住んでみたいという気持ちがありました。だからそのままアメリカにいたいと思い、語学スクールに入学することにしました。学生ビザを手に入れて、長期滞在するためです。

学校にも少しは行きましたが、ウエーターの仕事で生活を始めました。チップの文化のおかげで、ウエーターはお客さまの好みを覚えてしっかりサービスすれば、生活できるだけのチップの収入を得ることができます。

そんな生活を2年ほど続けて、「一度帰ってみようか」とふらりと日本に帰国したことが、また転機となりました。いつかはニューヨークでレストランを開きたいという夢があり、アメリカに戻るつもりでいたのですが、ある出版社の社長から電話をもらって、「『モトライダー』というバイク雑誌の編集部を立ち上げるから、来ないか？」とお誘いを受けたのです。誘われるまま、日本でまた編集の仕事に就くことにしました。

独立後はミニバイクレースを盛り上げる

バイク雑誌の編集に戻った頃、ホンダがレースマシンを販売するようになり、アマチュアでもレースマシンを手に入れられるようになりました。そこで、私もアマ

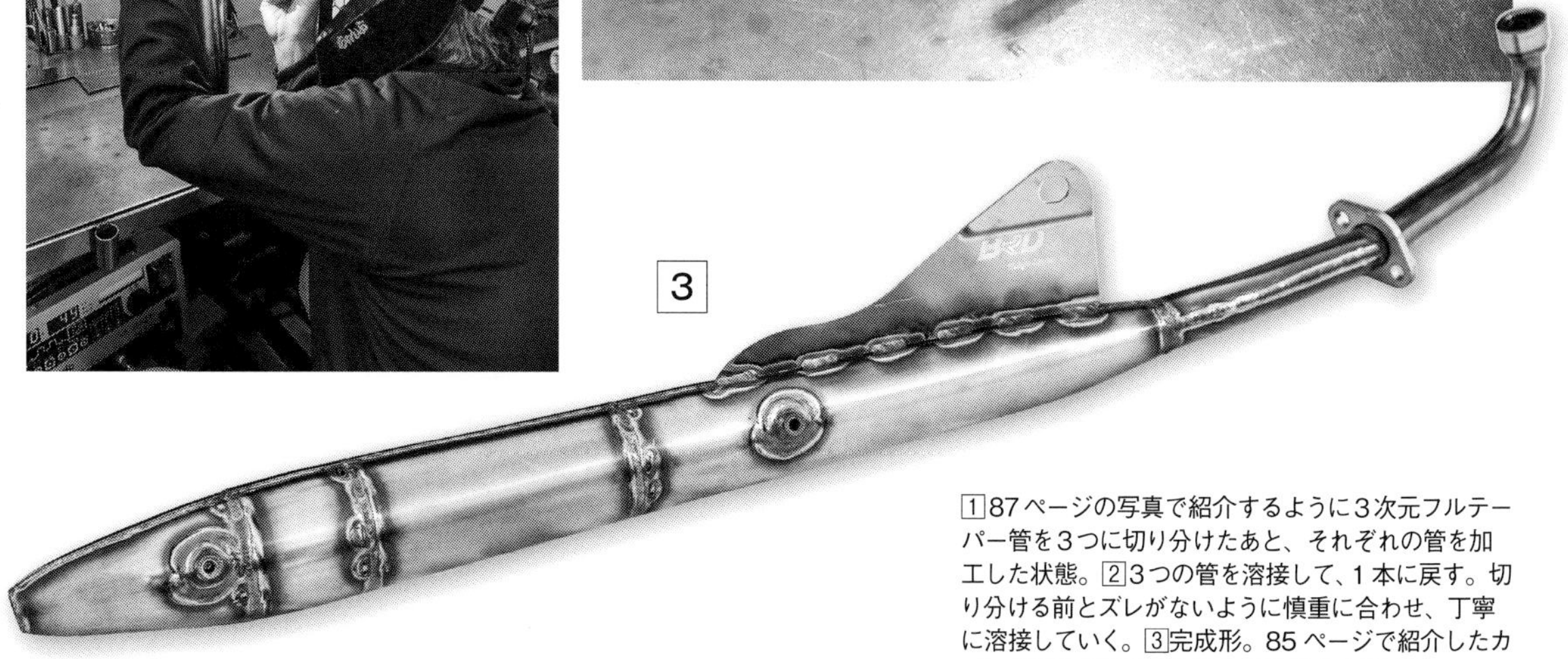

1 87ページの写真で紹介するように3次元フルテーパー管を3つに切り分けたあと、それぞれの管を加工した状態。2 3つの管を溶接して、1本に戻す。切り分ける前とズレがないように慎重に合わせ、丁寧に溶接していく。3 完成形。85ページで紹介したカバーを取り付けるためのネジ穴が2か所ある

チュアが参加できる全日本ロードレースに参戦するようになりました。静岡県の富士スピードウェイで開催され、成績が上がるとレースのクラスも上がっていきます。4〜5年でプロ並みのクラスに上がりましたが、それだけお金もかかるようになるし仕事も忙しかったため、それ以上は続けられませんでした。

やがて、雑誌を作るよりもっとバイクに関わりたい気持ちが高じて、出版社を辞めて昭和60（1985）年に会社を設立しました。初めはバイク販売をしてましたが、部品作りの技術を持った社員がいたことがきっかけで、部品製作を手掛けるようになります。部品を研究し、性能を上げていくと売上も上がったため、部品の製作・販売へと事業を移行しました。

同時にミニバイクレースに目をつけました。古巣の出版社の『モトチャンプ』編集部に持ちかけて、「モトチャンプ杯」を作ってもらうと、とても盛り上がりました。今は亡き加藤大治郎くんやノリックこと阿部典史くんなど、ミニバイクレースから頭角を現わした子どもたちが何人も、世界的なライダーに育ったのです。自分も参戦したほどレースが好きでしたし、ライダーのすそ野を広げ、雑誌の売上に貢献し、自社の部品も売れる。あの頃の熱気が懐かしいです。

ピンチからたどり着いた スーパーカブのマフラー製作

やがて排出ガス規制の影響で、それまで作っていた部品の生産を続けることができなくなり、会社も解散。試行錯誤の末、ホンダのスーパーカブのマフラーを開発生産するようになりました。全くノウハウを持っていませんでしたが、通勤でスーパーカブに乗り、使い心地や性能を常に体感しながら今も改良を重ねています。

おかげさまで口コミで評判が広がり、現在は受注をストップさせていただくほどの人気です。それでも丁寧な仕事で、高品質を守っています。㈱BRDという小さな工房での手作業ですが、工場での

工房は２つの部屋に分かれており、こちらは奥の狭い工房。作業に集中しながらも、時おり寄り添ってくる猫に癒やされる

大量生産のように常に同じ品質のマフラーを製作するように心掛けています。そのため、溶接をはじめとした様々な作業が繊細になり、身体に負担もかかります。

　私はレースに参戦していた頃から身体を鍛えたくて、マラソンをやっていました。マフラー製作にも体力が必要なのでジョギングしていたのですが、60歳になった途端、両膝に水が溜まり走れなくなりました。

　それから数年後、バイク仲間から「年を取ってもできる運動がある」と紹介されたのが合気道でした。見学してみると確かに年配の人も稽古している。自分にもできるかもしれないと、本部道場の合気道学校に入って朝稽古にも通うようになりました。

　初心者クラスの朝稽古に出ていたところ、道主に「一般クラスにいらっしゃい」と声をかけられ、がぜんやる気が出ました。

合気道の入身転換を理解 仕事の動作がラクになる

　今は「もっと早く合気道に出合っていれば良かった」と思う毎日です。仕事中の動作の一つひとつに、合気道と同じように力を抜くことの大切さを感じます。合気道は、相手が気づかないうちにいなして相手を倒す。うまく説明できませんが、難しいカーブの溶接などにも、同じようなコツが求められるのです。

　今にして思えば、レースでもうまく力を抜くことで、もっと滑らかにマシンを操れたのではと思います。身体を鍛えるスポーツだと思って始めましたが、スポーツではなく「武道」であることも教えられ、日々学ぶことが多いです。

　私は今年1月に71歳になりました。足を痛めるなど、身体の不具合がある時には稽古をお休みしますが、まだまだ続けられます。難しいですが、開祖植芝盛平翁のように入身転換を突き詰めて、合気道もマフラー製作も、さらに上達できるように努力していきたいと考えています。

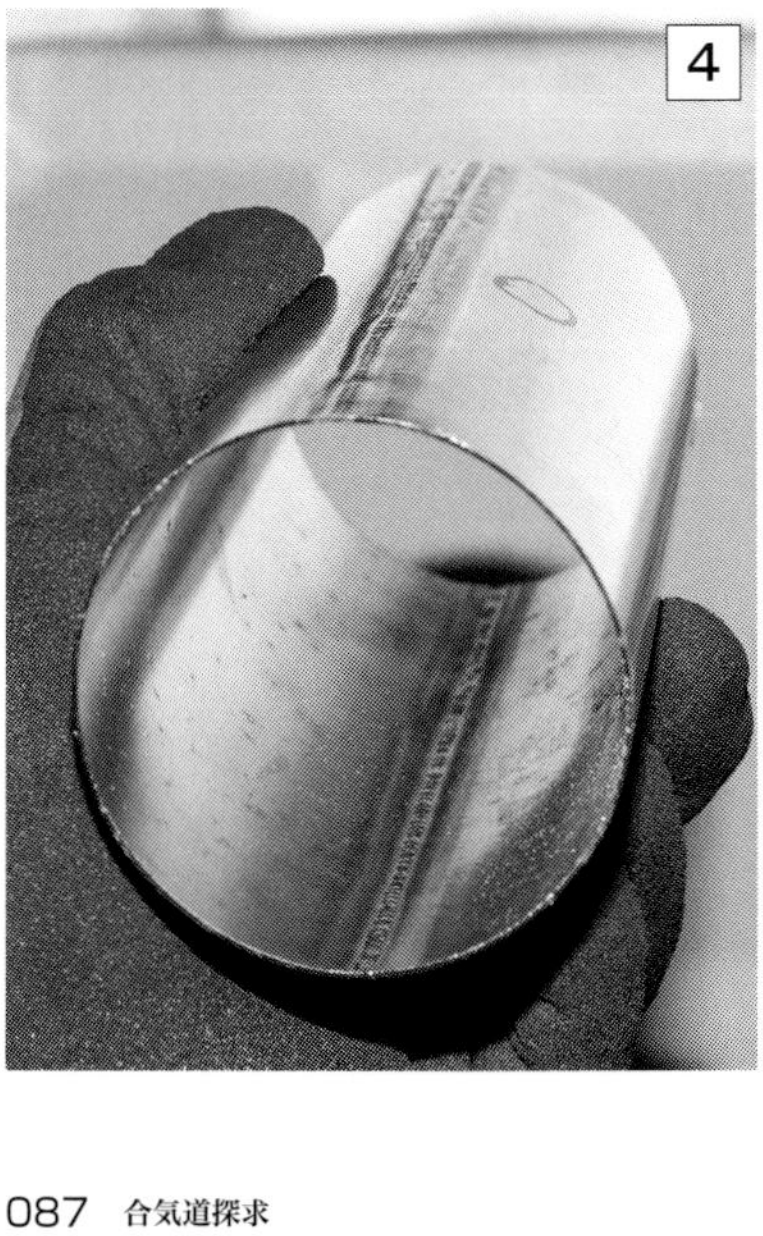

[1]２枚の薄いステンレス板の２辺を溶接し、独自の工法で３次元フルテーパー管を自作。[2]中が空洞の管を切り分けるのは難しいが、管中に中子を入れて切断することでつぶさずに切れる。[3]切断面にヤスリ掛けをして滑らかにする。[4]内部まで美しい溶接ビードは、丁寧な仕事の証である

われら合気道家族 VOL.53

親子で稽古できる「父兄部」で合気道の楽しさを共有

中野区合気道会 中野教室　冨岡さん一家

左から、穂乃香ちゃん、心美ちゃん、ゆうこさん

今回の「われら合気道家族」は東京都の中野区合気道会の中野教室で稽古に励む冨岡さん一家です。長女の穂乃香ちゃんの稽古を見ているうちに、お母さんのゆうこさん、そして次女の心美ちゃんも始めるようになりました。親子が一緒に稽古できる「父兄部」の存在も、お母さんの入門のきっかけとなったようです。今では３人とも、いつまでも続けたいと合気道の魅力に惹かれた様子です。

冨岡さんご一家プロフィール

［母］	冨岡ゆうこ	稽古歴５年	３級	主婦
［長女］	冨岡穂乃香《ほのか》	稽古歴６年	３級	中学１年生
［次女］	冨岡　心美《ここみ》	稽古歴２年	準９級	小学２年生

合気道を続けてきて

長女　冨岡穂乃香

私が合気道を始めたのは、小学2年生の春です。先に始めた友達にさそわれて見学に行きました。半年くらい経って、母が少年部のお友達のお母さんにさそわれて一緒に稽古するようになりました。いつも見て真似していた小さかった妹も、小学生になる前に正式に入会して親子で合気道を習っています。

合気道で楽しいと思うことはたくさんありますが、初めのうちは級が上がっていくことが目標でした。今では、級が上がることよりも、それに伴ってどんどんできる技が増えることや、受けが上手く取れた時などに楽しさを感じています。白帯の時は、ほかの人を見て、自分も早く色帯になりたいなと思ってたくさん練習しました。

低学年の頃は、早く難しい技をやりたいという気持ちでいっぱいでしたが、基本がとても大事なことだと思うようになりました。実際に難しい技をやってみると、足運びやさばきなど、すべて基本の動作が組み合わさってできているのだということがよくわかります。

　さらに上達するためには基本を忘れずに、しっかりと、くり返しやることが大切だと気づき、丁寧にやるよう心がけています。受身も、いまだに右側の前受身が少し苦手なので、稽古が始まる前に練習するようにしています。

　合気道で、私が面白いと思っているところは、「相手の力を利用して技をかける」というところです。自分の腕力や握力ではなく、少しの力で大きな人が相手でも技をかけることができます。私は背も低くて、力も弱いので、自分がこうして武道を続けているのも合気道だからだと思います。

　合気道を始めてから知りましたが、「平和な武道で試合をしない、勝ち負けのない武道」ということに驚きました。勝敗や順位がないのも、自分自身の稽古を続けてがんばっていこう！より上達しよう！と、思えるところでしょう。

　中学生になってからも続けていますが、無理せずに楽しく稽古に行けるのが良いところです。これからも初段、さらに上の段を目標に、大人になってからもずっと、たくさんの稽古に参加できたらいいなと思っています。

長女の穂乃香ちゃん

娘たちと一緒に成長

母　冨岡ゆうこ

　長女の入会後、少し経った頃、ある保護者の方から「子連れで社会人の方が通う一般部の時間に残るのは難しいけど、子供たちと同じ時間に一緒に合気道したいです」と声が上がりました。その保護者というのは、日ごろから仲良くさせてもらっていたママさんたちでした。既にお子さんは何年か合気道に通っている先輩ママさんたちです。その声を聴き、当時の少年部の先生方が、積極的に松本肇会長に提案してくださりました。中野教室で、子供を少年部に通わせる保護者が合気道を学べる「父兄部」の発足でした。

　当初は次女も幼かったので、私はその様子を横で見学していましたが、ぜひ一緒にやろう！と、お誘いいただき、本格的に子連れで稽古に参加するようになりました。夕方から母娘三人で道場へ入り、傍らで次女も一緒に体操をしていました。稽古中、次女は見学席で折り紙やシール遊びをして待っていてくれました。時には見学のママに遊んでいただくなど、入会できる年になるまでは、お友達のママや、優しい会長と先生方、本当にたくさんの方のサポートを賜りました。

　父兄部の発足は中野教室において初であり、初めは入会手続きなども見送りでしたが、ただ一緒に、子供たちと道着を着て稽古で身体を動かせるのが楽しかったです。

　1年後、父兄部も正式に一般会員として入会できることとなり、それから4年が経ちました。稽古歴自体は丸5年になります。次女が小学生のうちは、遅い時間の一般部での稽古に参加できる機会がないのですが、それでも一般会員と

お母さんのゆうこさん

して審査を受けさせていただけることで、より一層身が引き締まる思いです。2年に1度受けられるかどうかなので、有段者である先生方のご指導のもと、ゆっくりと精進させていただいています。

稽古に通うにつれて、合気道を始める以前よりも自分の身体と向き合えるようになりました。足腰の鍛錬、丹田に集中すること、余計な力を抜く意識など、基本の身体づくりも興味深く、その魅力に引き込まれていったように思います。歳を重ねても続けていける武道であり、娘たちもずっと続けたい！と思ってくれているようですので、いつまでも一緒に稽古に励めたらいいな、と淡い期待をしています。

一緒に稽古をしている少年部の仲間

大すきな合気道

次女　冨岡心美

今回、少年部の自由作品で、『合気道かるた』を考えました。完成した「かるた」を先生たちに見せると、すごいね！と、みんな感心してくれました。先生たちが、大人の人たちにも見せてくれて、いろいろな人がとてもほめてくれてうれしかったです。

コロナウイルスかんせん防止のため、さわらないで技をかけたり受けたり、きほんの足さばきのけいこのほかに、合気道のことで作品を作るかだいがありました。なぜ、かるたを作ろうと思ったかというと、おじいちゃんおばあちゃんの家で、かるたをやったのを思い出したからです。かるたなら、みんなと楽しく合気道を学べるな、と考えました。

わたしがかるたを作っているとき、あいうえおからはじまる文しょうをぜんぶ考えるのはむずかしかったです。困っていると、お母さんとお姉ちゃんが一緒になって考えてくれました。絵は一人で毎日数枚ずつかいて、色もていねいにぬれたと思います。入れ物も、おかしの入っていたのが見つかって、『合気道かるた』と書いてはりました。

次女の心美ちゃん

合気道は、お姉ちゃんがやっているのを見て、かっこいいな、わたしもやりたいな、と思って始めましたが、毎週行くのが楽しみです。いろいろな新しい技にちょうせんしたり、おぼえたりしてみんなと一緒にうまくなっていくのが、とくに楽しいです。まだまだできない、むずかしい技がいっぱいあるので、けいこをたくさんしてどんどん級を上げていきたいです。黒おびをめざして、大人になっても、ずっと合気道をがんばっていきたいと思います。

心美ちゃんが作った『合気道かるた』

鏡開き式推薦昇段代表者挨拶

八段位昇段代表者　谷　正喜

話せば長くなりますが、合気道と出合っていなかったら私の人生はかなり違ったものになっていたと思います。

私は大病と交通事故で二度、天国（地獄？）の門前まで行ったことがあります。でも「まだ早い、帰れ。何をやっとるか知らんが、おまえは丈夫だ」と門番に言われて目が覚めました。また、留学や仕事で行き、数年間滞在した外国でも終生の友人ができました。これは、みんな合気道のおかげです。

合気道を創ってくださった大先生、そして、吉祥丸道主、守央道主、充央本部道場長、ありがとうございます。これからも本部道場で好きな稽古を続けさせてください。

七段位昇段代表者　藤城清次郎

先の鏡開き式において、植芝守央道主より七段位の免状を頂戴いたしました。その上、七段位 63 名の代表という大役を賜りました。50 年弱の合気道人生において、このように緊張したことはあまり思い出せません。無事、役目を果たすことのみを考えておりました。当日はオンライン開催のため、道主ご夫妻、道場長及び合気会役員、指導部の先生方のご隣席でした。例年とは違う雰囲気、緊張感の中、三段から七段位の代表と八段位谷先生の計６名が順次免状を頂戴いたしました。これからも、段位に恥じぬよう精進し、微力ながら合気道普及発展に貢献したいと思います。

六段位昇段代表者　高橋靖拡

令和３年の鏡開き式にて、六段位にご推薦をいただき、誠にありがとうございます。本部道場の鏡開き式は毎年 1,000 人近くの方が参加され、盛大に開催されていました。今年はコロナ禍の影響で代表の昇段者のみが参列することになり、代表としてお声掛けいただきました。鏡開き式の様子を全世界にオンラインによる同時中継するという、いままでに経験したことがない緊張を感じながら、植芝守央道主から直々に免状をいただきましたことは、身にあまる光栄であり、また身の引き締まる思いです。このたびの昇段は、ひとえに植芝守央道主、植芝充央道場長をはじめ、本部道場の先生方や関係者の皆さまと稽古仲間、稽古に理解のある家族のおかげです。常に感謝の気持ちを忘れず、合気道を通じて社会に貢献できるようこれからも精進して参ります。

五段位昇段代表者　土生　勉

植芝守央道主、植芝充央道場長をはじめ、本部道場指導部の皆さま、日頃からご指導ありがとうございます。このたびは本部推薦により五段位に昇段させていただき、さらには、昇段者の代表として道主から直接証書をいただくという貴重な機会をいただきました。この出来事は、私の人生の節目として、色濃く刻まれるものと確信しております。昨年からの新型コロナ感染症の拡大に伴い、稽古環境は厳しい状況にありますが、鏡開き式での道主からの「日頃の稽古を通じて養った和合の心、お互いを尊重し合う心で培った絆を大切に、お互い支え合って、今年もしっかり前へ向かって参りましょう」とのお言葉を心に刻み、これからも稽古に励んでまいります。私の合気道人生はまだまだ道半ば！ 生涯合気道を志し、このたびの昇段を励みにさらに精進してまいります。

四段昇段代表者　久田信人

このたびは、ありがたくも植芝守央道主から四段昇段が許されました。謹みて御礼申し上げます。中学生で合気道に御縁をいただき今日までお稽古を続けられ、さらに、多くの温かい仲間と出合えたことは私の宝です。ある番組で米津玄師さんが「たくさんの方々にちょっとずつ許されながら生かされてきました。日々漫然と生きていると忘れがちですが、決して忘れてはいけないと自分を戒めるような気持ちでこの曲（カイト）を作りました」とのコメントがとても印象に残っています。私自身に照らせば、朝稽古を継続できるのも、道主・道場長、家族の協力等多くの方のお蔭です。この気持ちを忘れることなく、初心にかえって、明るく・楽しく・感謝して、そして素直に日々お稽古に精進させていただきます。

参段昇段代表者　松本浩一

植芝守央道主、植芝充央道場長、合気道学校でお世話になりました先生、いつも稽古相手になってくれる方々本当にありがとうございます。この場をお借りして心より感謝いたします。今回昇段に推薦していただきコロナ渦でありますが鏡開きの中、参段の許状をいただけるとのこと、喜び勇んで道場に向かいました。私がトップバッターであったため、「松本さん！（最初から所作間違わないでね）」と稽古仲間からプレッシャーもいただき、ほんの数十秒でしたが何とか終えました。武道には守破離という言葉があるそうですが、私も合気道から離れられそうにもありません。紆余曲折してようやく辿り着きましたが、これからもよろしくお願いいたします。

全国道場だより

合気道の輪は日本全国に広がり、地域に根付いています。このコーナーでは、各地の道場の様子をご紹介いたします。

福島県

【磐《いわ》城《き》合《あい》気《き》乃《の》道《みち》】

磐城合気乃道はフラダンスファン憧れのテーマパーク「スパリゾートハワイアンズ」がある福島県いわき市にあります。

令和２（２０２０）年はコロナ禍の影響で稽古ができない時期がありましたが、同年12月には1年ぶりに昇級審査を行うことができました。審査後は、顧問の柏村吉信師範（合気道須賀川道場）を中心に道友を囲んでの忘年会が毎年の大きな楽しみでしたが、今年は中止になりました。

稽古前半は体の捌きから始まり、片手取り・両手取り・正面打ち・横面打ちなどの基本技、後半の大人クラスでは基本技を改めて力まず、足・重心の位置などを意識し技を探求する稽古をしています。コロナ禍の前は週2回の稽古をしていましたが、ソーシャルディスタンスが取れる環境が整わないことから、現在は週1回の稽古を続けています。

当道場の稽古生は、一人ひとりが切磋琢磨し実に前向きに稽古に向き合う人たちばかりです。子供たちの一生懸命な様子や子育てに奮闘、病気と付き合いながら稽古を続ける門下生の真摯な姿に感謝せずにはいられません。

この福島の地は、平成23（２０１１）年3月の東日本大震災で災害に加えて未曾有の原発事故に見舞われました。余震が頻繁に起こる最中でも、稽古を続けることで凝り固まった心を一時解放し、「合気道に救われた」という意識を強く持っています。

そして、今のコロナ禍はまだ先が見えませんが、慎重に稽古を続けることで心のバランスを保てることを感じています。「足るを知る」心を大切に、稽古を続けていきたいと思います。

Dojo Data

［道場名］磐城合気乃道
［責任者氏名］加藤優幸
［連絡先住所］
〒973-8408
福島県いわき市内郷高坂町 1-74-2
［携帯］070-6950-5915
［E-mail］iwaki_aikinomichi@kve.biglobe.ne.jp
［創立年月日］平成19（2007）年10月1日
［稽古場所］いわき市立内郷公民館
［稽古日・稽古時間］
日曜日　10：00 ～ 11：50
［会員数］大人7名、子供3名　計10名

※「全国道場だより」は、令和3（2021）年2月現在の内容です

東京都

【品川区合気道交友会】

品川区合気道交友会は、合気道がまだ一般的に知られていなかった昭和43（1968）年4月1日に発足した、（公財）合気会の公認道場です。

当初は品川区役所職員が中心となって活動していましたが、その後、東京都（都税事務所・第二建設事務所）の職員も加わり、恵比寿にあった旧防衛庁技術研究所内の道場で週に3～4回の稽古を行っていました。

平成30（2018）年には発足から50周年を迎え、和気あいあいと活気ある稽古を続けています。

稽古は、毎週土曜日に品川区総合体育館や品川区戸越体育館で行っています。朝9時からは初心者と白帯の方を中心に約1時間、基本的な技や動作を指導しています。その後、一般稽古は入江嘉信合気道本部道場指導部師範の指導を受けています。

コロナ禍のなか、稽古前は検温と手洗い、稽古時はマスク着用、道場内は常に換気を良くし、休憩のたびに手指のアルコール消毒、さらに稽古相手は限定して、常に感染予防に努めながらの稽古をしています。

昨今の事情で稽古出席者が減る中ですが、当会では、今年は中学2年生から50代の夫婦など、5名の新しい参加者が増えました。そのため、入江師範の稽古においても、特に基本に基づいた動きに時間をかけ、丁寧な指導をしていただいています。その中で有段者においても、基本の動きの中で「気づき」を得ることができ、毎週充実した稽古を続けております。

Dojo Data

［道場名］品川区合気道交友会
［責任者氏名］小川高久
［連絡先住所］
〒151-0071
東京都渋谷区本町5-16-7
［携帯］090-4817-8875
［E-mail］Samogawa21@gmail.com
［創立年月日］昭和43（1968）年4月1日
［稽古場所］
品川区総合体育館、品川区戸越体育館
［稽古日・稽古時間］
土曜日　9：00～11：30
［会員数］25名

香川県

【高松合気会】

香川県高松市から依頼を受けて山本熈之師範と西原浩師範が講師を務め開催された合気道教室の終了時に、受講生からぜひ継続して稽古を続けたいとの強い要望が出されました。そして、昭和53（1978）年に高松合気会は設立されました。

現在、一般部と少年部からなり、時間を分けて香川県立武道館で稽古を行っています。香川大学合気道部との繋がりが強く、香川大学合気道部員も高松合気会の稽古に参加しています。また、磯山博本部師範の指導のもとで実施される香川大学合気道部の合宿に、高松合気会も参加しています。磯山師範には地域社会指導者研修会にも中央講師としてお越しいただくなど、一貫して指導をいただいております。

高松合気会は5月に開催される全日本合気道演武大会に毎年団体演武として参加していますが、演武出場者はひと月前から演武の稽古に臨み、1分30秒の演武をやり遂げたあとの達成感と充実感を味わっています。

稽古は基本技を重視し、体の変向から始め、立ち技呼吸法、一教〜五教の基本技、種々の投げ技、最後に座り技の両手取り呼吸法で終わります。また、積極的に武器の稽古も取り入れています。5年ごとに周年演武大会を開催し、5年間の歩みをまとめた記念誌を発行しています。稽古は厳しくかつ和やかに行っていますが、コロナ感染状況が続く中、マスクを着用しての稽古は決して楽なものではありません。4月のハイキング、7月のビアパーティー、1月の鏡開き式、新年会等の行事が中止になり、またやむなく休会を余儀なくされている会員もおり、一日も早い収束を願っているところです。

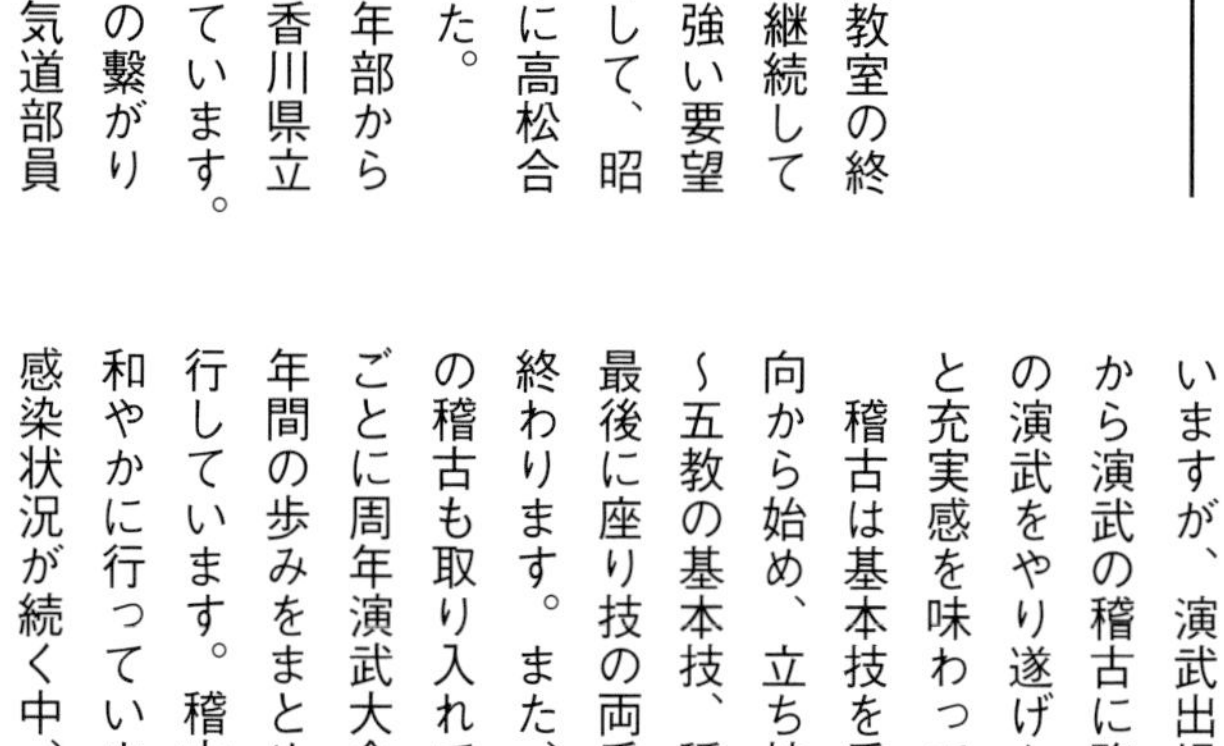

Dojo Data

［道場名］高松合気会
［責任者氏名］西原　浩
［連絡先住所］
〒760-0013　香川県高松市扇町 1-23-38
［電話］087-821-8704
［携帯］090-2826-7048
［E-mail］hnishi1127@md.pikara.ne.jp
［創立年月日］昭和 53（1978）年 5 月 1 日
［稽古場所］香川県立武道館
［稽古日・稽古時間］
木曜日　少年部　18：00 〜 19：00
　　　　一般部　19：15 〜 20：30
土曜日　少年部　17：00 〜 18：00
　　　　一般部　18：30 〜 20：30
［会員数］
一般部 35 名、少年部 20 名　計 55 名

熊本県

【祥平塾熊本道場】

菅沼守人先生が昭和45（1970）年4月、九州派遣総師範として福岡に赴任され、その年に人吉支部（現合気道清祥館）に来られ、その穏やかなご人格と技の素晴らしさに目を見張りました。以後、数10回人吉市でご指導いただきました。

私（本田宏一祥平塾熊本道場代表）と井澤利彦氏（現七段）は熊本市に転勤。昭和57（1982）年、二人で熊本県立総合体育館卓球室の隅に畳を敷いて、稽古を始めました。昭和62（1987）年菅沼師範に許可をいただき、祥平塾熊本道場として新たに出発。平成元（1989）年、島田充男現西宮道場代表が加入し、徐々に会員も増えていきました。

平成14（2002）年9月、15周年記念演武会を山鹿市の八千代座で開催。県内外百名の参加者が演武を披露しました。平成29（2017）年9月、熊本市立総合体育館で30周年記念演武会を開催。同じく百名を超える盛況でした。祥平塾熊本道場では、年2回菅沼師範の講習会を実施しています。他4道場の講習会を合わせると、熊本では6回菅沼師範からご指導いただいています。

令和2（2020）年、新型コロナウイルス感染症により、熊本市立総合体育館が3月から閉鎖し、6月開館と同時に、マスクをして密を避け距離を保つため、木刀、杖の稽古、12月からはマスク着用して通常の稽古に戻っています。

祥平塾熊本道場が現在のようになりましたのも、菅沼師範のご指導の賜物であります。そして、県内外各道場のご支援のお陰です。また、井澤利彦事務局長の事務能力・計画性、会員の皆さんが合気道の和の精神のもとで真剣に稽古に励んだお陰だと思います。感謝。

Dojo Data

［道場名］祥平塾熊本道場
［責任者氏名］本田宏一
［連絡先住所］
〒861-2101　熊本市東区桜木3-10-25
［電話］096-367-3728
［携帯］090-5732-0074
［創立年月日］昭和62（1987）年1月1日
［稽古場所］熊本市立総合体育館武道場、熊本武道場（少年部土曜午前中のみ使用）
［稽古日・稽古時間］

一般の部	水曜日	20：00～21：30
	土曜日	16：00～17：30
	日曜日	16：00～17：30
少年部	土曜日	10：00～11：00（熊本武道場）
	土曜日	15：00～16：00

［会員数］一般の部50名、少年部31名　計81名

2020
9/26,27

令和2年度秋田県地域社会合気道指導者研修会

令和2年度秋田県地域社会合気道指導者研修会は昨年9月26、27日、秋田県立武道館柔道場で行われた。本部道場からは、森智洋本部道場指導部師範と里舘潤同部指導員が中央講師として派遣された。また、地元講師を松田健一師範（秋田県合気道連盟会長）、北嶋貞好師範（秋田県合気道連盟理事長）が務めた。参加人数は県内加盟団体11団体中、7団体、27名であった。

今回の指導者研修会は、コロナウイルスの感染予防のため、稽古前の検温、消毒、マスクを着用しての稽古となった。また、密になることを避けるため、例年より少人数での開催となった。

講習会で森師範は、2日間通して単独動作での体の使い方、足捌きや転換法、入身の細かい動きを確認し、呼吸法や入身投げ、第一教など、基本技を中心に指導。

27日の閉会式では、大野正樹（一財）秋田県総合公社武道館事務所所長より修了証の授与が行われた。コロナウイルス感染拡大という状況の中、普段とは違う様子での研修会となったが、安全対策を行ったうえで開催された2日間の研修会は無事に終了した。

合気 国内 トピックス

2020
10/3

第44回新潟合気道演武大会、講習会

第44回新潟合気道演武大会は、10月3日、新潟市鳥屋野総合体育館で開催され、併せて行われた講習会では桂田英路本部道場指導部師範が指導した。

大会は例年2日間で実施するが、コロナ対策を行いながら1日に短縮して

開催する運びとなった。参加は新潟合気会加盟団体に限定し、参加者には2週間前から検温をしてもらうなど、感染防止に努めた。

演武会は、例年より少ない人数ながが、老若男女がいつものとおり、一生懸命自分の演武を行い、桂田師範の演武で締めくくった。

富山県（富山市）地域社会合気道指導者研修会

2020
10/17,18

昨年10月17日から18日の2日間にわたり、富山県営富山武道館において、富山県（富山市）地域社会合気道指導者研修会が開催された。中央派遣講師として櫻井寛幸本部道場指導部師範に

文部科学大臣表彰――――――

令和2年度 生涯スポーツ功労者 表彰によせて

山形県合気道連盟名誉会長

船越光雄

このたび、山形県内で長年（約25年間）の合気道普及活動の実績が認められ、文部科学大臣より令和2年度生涯スポーツ功労者表彰を受賞いたしました。コロナ禍の影響で東京での表彰式は中止となりましたが、12月25日に山形県教育庁の職員2名が自宅を訪れ、表彰状及び記念品の政府銀杯をいただきました。

山形県での合気道活動が文部科学省に認められたことは大きな喜びであります。このことはひとえに山形県合気道連盟会員皆さまの合気道に寄せる情熱とご協力、また合気道道主植芝守央先生はじめ本部道場のご指導ご鞭撻の賜物と心から感謝を申し上げます。

現在、山形・新庄・鶴岡・酒田・上山・寒河江・米沢・真室川各道場、そして山形大学体育会合気道部、山形県立山形南高等学校合気道部また道場傘下のカルチャーセンター合気道教室等で活動しております。

東北合気道連盟の行事には山形大学合気道部の演武大会があり、この間を縫って海外との交流及び会員有志とともに海外遠征等を行っております。

連盟会長から連盟名誉会長に役割が代わりましたが、開祖が創始した合気道の深奥を求め、これからも会員との融和を図り合気道の普及振興に微力ながら、身体の続くかぎり貢献できればと思っております。

東京都より 武道振興功労賞を 受賞して

全日本合気道連盟理事長
大田区合気道連盟会長

尾﨑　昫《しょう》

このたび、大田区並びに（公財）大田区スポーツ協会、各競技加盟団体の皆々様のご推挙を賜わり、東京都より武道振興功労賞を拝受いたしました。今年、合気道の稽古を始めて60年になります。この記念の年に武道振興功労賞を受賞することができました。身に余る光栄であります。心から感謝し、厚く御礼を申し上げます。

昭和60（1985）年、大田区合気道連盟設立と同時に会長に就任しました。その後、（公財）大田区体育協会・西野善雄会長のもとで副会長として、大田区のスポーツの発展の為に力を注いでまいりました。また、平成23（2011）年からは（公財）東京都体育協会の常務理事として、東京都の体育行政に携わってまいりました。

現在、合気道の指導者として、東京・大田区内をはじめ都内で青少年の育成を目的とした合気道の指導を行うかたわら、月のうち1週間、出身地である北海道に戻り、15年前に創立した合気道オホーツク中湧別道場で合気道の指導に励んでおります。また、全日本合気道連盟（ＪＡＦ）の理事長として、国内における各加盟団体の発展を願いお仕事をさせていただく一方、国際合気道連盟（ＩＡＦ）の高等委員を勤めさせていただいております。

受賞を契機により一層精進し、合気道発展のために、また、“スポーツ大田”のさらなる発展に貢献したいと考えています。ありがとうございました。

よる講習会が4時間、地元講師として島恵司富山合気会師範による講習会が2時間、同じく地元講師として上島政則同会師範による講習会が2時間行われた。島師範は中学校における合気道授業の実践紹介を兼ねた指導を行った。3団体20名の参加者はコロナウイルス対策として、マスクを着用しての稽古となった。また、希望者のみ手袋の着用も認められた。

2020
11/1

大阪府合気道連盟講習会

昨年11月1日大阪府吹田市立武道館「洗心館」にて、大阪府合気道連盟の講習会が植芝充央本部道場長の指導のもとで開催された。

新型コロナウイルスの感染対策として、1団体4～5名と人数を絞り、14団体70名の参加となった。また、感染予防対策として、会場に入る者には10日前からの体温、体調チェック表への記入、当日の検温や手指、足の消毒、マスク着用での稽古などが必要とされた。また参加者も交えて畳や会場の観覧席も消毒が行われた。さらに、受付にはアクリル板の設置、手指消毒係にはフェイスガードとビニール手袋を着用させ、参加者だけでなく主催者側への感染予防対策も徹底された。マスクを着用し、稽古相手も固定したことで通常と異なった雰囲気での稽古となったが、参加者の真剣さは変わらず、活気のある稽古となった。

コロナウイルスが全世界に広がっている今、その収束を祈りつつも、時勢に沿った形での講習会等の開催を模索しなければならない。数多くのイベントが中止・延期に追い込まれる中で、このように感染予防を徹底したうえで講習会が開催されたことは、今後各地域で行われる講習会の一つのモデルを示したといえる。

大相撲関脇の隆の勝関、一般クラスを見学

大相撲関脇の隆の勝関が奈良県薬師寺の大谷徹奘執事長とともに昨年12月11日、本部道場を訪問し、植芝守央道場主、植芝充央本部道場長と面会し、その後、一般クラスを見学した。

訪問のきっかけは、以前から隆の勝関を応援してきた大谷徹奘執事長に、相撲の取り口で悩んでいることを相談したところ、合気道を習うことを勧めたようだ。

薬師寺で大谷執事長の部下にあたる吉野氏が国際武道大学剣道部OBで、同大学の空手道部OBである（公財）日本武道館普及課の清宮氏を介して本部道場に連絡があり、このたびの訪問となった。

1時間の稽古を、自身の手を動かし、技の動きを真似ながら最後まで熱心に見学していた。その夜、「今日はとても素晴らしい体験をさせていただきありがとうございました」とのメールが本部道場に送られてきた。

武道功労者及び武道優良団体表彰受章挨拶

武道功労者表彰、武道優良団体表彰は、日本武道協議会が武道の振興に貢献された方々及び団体を表彰するものです。ここでは、合気道から表彰されたお二方に受章の喜びを寄稿していただきました。

武道功労者表彰

武道協議会の表彰を受けて

田辺道場
五味田 聖二

このたび武道功労賞の栄に浴し、誠にありがたく、ご推挙賜りました合気道道主植芝守央先生に感謝申し上げます。

昭和二十八年に開祖植芝盛平大先生にご指導いただいてから六十五年、昨日のごとく思い出されます。

今回のこの受賞を一層の励みとし、合気道の発展の為に頑張りたいと思います。

和歌山県田辺市では中学校の体育授業において武道が必修化されたことに伴い、田辺市教育委員会で合気道の導入に取り組んでおり、今は6校の学校で実施しております。

海外から年間４００人以上の道友達がお墓参りに来られて、帰りに田辺道場で稽古しております。

大先生の厳しい指導のお陰で皆様と稽古をともにできることは光栄に思います。

田辺市では、植芝盛平翁を名誉市民として、翁の遺業と功績を後世に伝えていくため、植芝盛平記念館が完成しました。より多くの方に翁先生のことを知っていただければ幸いです。

「合気道は無限に向かって進歩している。」

開祖植芝盛平大先生、吉祥丸二代道主、守央現道主にわたってお仕えでき、私にとって無上の喜びであります。

武道優良団体表彰

コロナ禍での慶事

静岡県合気道連盟理事長
石原克博

このたび、道主先生のご推挙により武道優良団体を受章いたしましたことを、身に余る光栄に存じ静岡県連に携わりご支援いただいた皆様方に深く感謝をいたし、御礼を申し上げる次第でございます。コロナ禍で先の見えない昨今で疲弊した世の中においての受賞が静岡県合気道愛好家にとりましてどれだけ勇気を与えていただいたか計りしれません。ある意味、強く記憶に残る県連の慶事だとも思います。

県連役員が講習会等を立案計画しても参加者がいなければ、その行事は成り立ちません。そのような意味でもこのたびの受賞は県連各理事の皆様はもちろんのこと、各行事にご参加ご協力いただいた県連加盟団体会員の皆様へのご褒美だと認識しております。そしてこのたびの栄誉ある受賞を関係者の皆様と感動を共有いたしたく、コロナ禍ではありますがその手段を今模索中であります。

静岡県合気道連盟はまだまだ未熟な組織です。関係者及び県連理事、加盟団体会員のご支援ご協力をお願いし、このたびの受賞を期に確固たる組織に成長するべく県連理事一同努力を惜しまないつもりでおります。県連の役目は日々の稽古を大切にしている加盟団体の運営及び、技の向上等々の手助けを行うことも大切だと考えております。そのためにも合気会本部、全日本合気道連盟、そして全国の合気道関係者の皆様の益々のご指導ご鞭撻をお願い申し上げる次第です。また静岡県合気道連盟が斯道発展の一隅を照らす存在になることを目標とし、活動して行くことがこのたびの受賞の恩返しと考えます。

最後にこのたびの栄誉ある受賞に恥じることがなきよう、県連の団結と友好のさらなる高みを目指し、役員一同努力をいたすことをお誓い申し上げる所存でございます。

訃報

染宮宏氏
国際合気道連盟元事務総長
9月11日逝去
享年87歳
ご冥福をお祈り申し上げます

フリースマン事務総長とバンコクでのスポーツアコード・コンベンション（2018 年）

そのため、現在は加盟国数を増やし、まとまった形での合気道の認知拡大に鋭意努力しているところです。また、各国で分散した本部公認の団体も徐々にまとめる作業を開始しています。今年の総会では、10 か国以上が新規加盟することになるでしょう。

海外各地における合気道活性化

当連盟は、これまで国際大会などの親睦活動を中心に活動を行ってきましたが、私が理事長に選出された 2016 年以降、合気会と毎年、国際活動の「調整会議」を合気会本部で執り行うほか、対面での会議のみならず、ネット上で高頻度で会議を開き、合気会の国際活動の手助けをするようになってきています。

合気会との業務調整のうえで、当連盟のネットワークを使い、海外各地における合気道活性化のために地域的な活動の展開をはじめ、欧州合気道連盟（EAF）、中東アフリカ作業グループ（AfriMENA）、ラテンアメリカ作業グループ（ULA・IAF）などを通じて、地域ごとの連帯を高めています。さらに、合気道の普及発展にも力を入れるようになっています。

また、テーマごとの活動を高めるためにも、ジェンダー、子供・青少年、身体障害者などの作業部会も設置して、合気会の協力を得て、国を越えたレベルでの女性や若手のインストラクター育成などのイベントも開催しています。

理事長や事務総長をサポートするアドバイザリーボードも設置しています。こういったワーキンググループで作業をするボランティアは 100 名を超えるようになっています。

さらに、合気道は重要なブランドでもあるという認識のもとにメディアチームも編成して、世界の加盟連盟にプラスになる合気道関連情報の提供や各連盟の活動を報告する媒体もウェブ、フェイスブック、インスタグラム、ツイッターなどで合気会の側面サポートをしながら、合気会のコンテンツや独自のコンテンツで情報発信をしています。ボランティア組織ですが、ウェブマスターやグラフィックデザイナー、ビデオエディターもメディアチームの一員として合気道の広報活動も展開しています。

合気会の海外ネットワーク組織

日本においては、合気会は内閣府や日本武道協議会（日本武道館）の公認団体や一員であり、立場が公的にも認められていますが、海外では合気道は試合がないために、多くの国においてスポーツ（武道）とは認められていないところも多く、当連盟は、前出の国際的に権威がある GAISF の一員として、各国スポーツ省・庁に対して、合気道を競技のない演武スポーツ（武道）として認めるように働きかけ始めています。

特に、コロナパンデミックに際して、スポーツ（武道）として公的認定を受けている団体は、公的施設の利用や補助金を得られたのに対して、公的認定を受けていない団体は経済的困窮状態となり、多くの道場が一時的活動停止あるいは閉鎖に追い込まれる状況が発生しているからです。

国際合気道連盟は、45 年の歴史の中で親睦の団体活動から、徐々にではありますが、合気会の海外ネットワーク組織として、道主ご指導のもとで、合気道発展の一翼を担うことができるようになってきたことを誇らしく思います。コロナ禍で対面稽古が減少し、困難に直面した分、世界の合気道稽古人の心が一層まとまり、困難を乗り越え前進機運が出てきたことに喜びを感じます。

コペンハーゲン合氣修練道場（コペンハーゲン、ヴァルビー）

国際合気道連盟(IAF)活動報告

親睦の団体活動から、合気会の海外ネットワーク組織として、合気道発展の一翼を担う

文：国際合気道連盟理事長　井澤 敬

設立から45年の歴史を刻む

国際合気道連盟（ＩＡＦ）が設立されてから45年が経過しようとしています。その間に合気道は著しい発展を遂げ、今では、世界140か国・地域で稽古されるところまで成長し、確実に成熟化しています。成熟したのは、拠点数や合気道人口の増加だけではありません。

海外における合気道の技や思想なども含めた書籍の発行は、アメリカのオンライン書籍販売のアマゾンで「合気道」を検索すると6,000件以上の書籍が出るようにまで発展しています。世界の合気道の拠点を見ると、稽古のための箱物の道場を超えた、神棚を備えたり、立派な上座正面を誇る道場も多くあります。合気道が日本の文化大使として大きな役割を果たしていることがうかがえます。

50年以上の合気道歴を持つ外国人師範、稽古人が数多く海外におり、八段の高段者も出始めています。海外における合気道は、開祖の教えが基礎となり、日本的な儀礼、和合の武道としての位置づけは強まっており、歴代道主の教えに沿い、稽古面、精神面での発展が見込まれます。

訪問指導の形態や頻度に課題

同時に、合気道を取り巻く環境も著しく変化をしてきました。海外に出始めた頃の合気道は、日本で開祖や吉祥丸二代道主から直接学んだ指導員や、海外から来た外国人稽古人が日本で直接日本人師範から日本生活環境下で合気道を学んだ人が帰国して教えるようになった陣容が中心でした。

ロシア・サンクペテルスブルグにおけるコンバットゲームズ（2013年）

現在では、世代交代のために、２世代目、３世代目の先生を通じて合気道を学ぶ人も多くなり、合気道本部道場や日本の道場で稽古したことのない人の割合も高まっています。合気道や日本への憧れを持つ人は多いため、道主や本部道場長、本部道場指導部師範が各国を訪問する場合、国境を越えてセミナーに参集することが多くなります。

道主の場合は、参集者は数千というレベルに達することもあり、喜ばしい状況です。

この人気の反面、今後アフリカ、中近東、南アジア、南米など地理的に拡大する合気道の拠点数から、訪問指導の形態や頻度なども難しい課題になることが見込まれるでしょう。個別グループごとではなく、より集合的な受け入れ形態など不可欠になるでしょう。

合気道の親睦のために誕生

国際合気道連盟の役割をよくご存知でない読者のために、同組織の説明をしますと次のようになります。もともと当連盟は、合気道の親睦のために作られたと聞いています。理事は、総会において連盟各国からの候補者により選出をされ（道主は永世会長）、ボランティアの組織であり、４年に一度（2020年はコロナ禍のために2021年に延期）、合気会の全面的なサポートを受けて、国際的な合気道の親睦活動の一環として国際大会（総会とセミナー）を開催してきました。

また、重要な任務としては、吉祥丸二代道主時代に加盟をした国際スポーツ連盟機構（GAISF）、国際ワールドゲームズ協会（IWGA）、世界アンチ・ドーピング機関（WADA）などにおいて合気会の権益を守ることが挙げられます。

当連盟は、通常４年に一度の総会で新規加盟国可否の投票を行うため、これまで合気道の成長レベルのスピードには遅れを取ってきました。2016年高崎の国際大会時点で加盟国数は56か国に過ぎませんでした。

青年海外協力隊として派遣され、合気道と出合う

モザンビーク合気道の胎動

寄稿：木勢翔太
写真：池田敏雄

左から２人目が池田氏、右端が筆者

合気道の縁が繋いだ“偶然”

私が合気会本部道場に入会したのは2002（平成14）年４月、小学４年生の時だった。以降、中学３年生まで少年部で稽古。高校時は合気道から遠ざかるも大学時より再び道場に通い直し、少しずつながら続けてきた。そんな私が異国でわずかな期間ながら合気道と出合えた経緯をお伝えしたい。

私が青年海外協力隊としてアフリカ南部に位置するモザンビーク共和国に派遣されたのは2019（令和元）年12月ちょうど27歳の誕生日を迎えた日だった。日本から直線距離でおよそ１万２千キロ離れており、国土面積は約80万平方キロメートル。日本のおよそ２倍の面積に、人口３千万人が暮らす。

海外協力隊では各職種別に世界各国に派遣され、「合気道」という職種では今までに延べ40名以上の先達が世界各地で活躍してきた。当の私は職種「合気道」ではなく、「行政サービス」と呼ばれる現地の市役所に籍を置き、広報、ＰＲ関連の仕事を担っていた。日本のＯＤＡで建設された首都マプト市内にある公設水産市場の利用活性化を広報観点から協力する立場で赴任。勤務先は水産市場で、沿岸でとれた魚介類を毎日目の当たりにしながら、どのようにしたらより来場客が増えるかを一つの課題に隊員活動を行ってきた。

モザンビークにおける合気道との邂逅は偶然だった。池田敏雄駐モザンビーク日本国全権大使（当時）が個人的に合気道に関心のある現地人と稽古を続けていた。池田氏の離任が2020年２月初旬で、モザンビークでの合気道は途絶えるはずだった。それが何とも絶妙なタイミングで、私がモザンビークに身を置くこととなった。出国する当時は２年間合気道の稽古と離れる覚悟だったが、「念のため」道着と袴と帯は持ち込んでいたのだ。非常に恐縮であったが、個人的な一趣味の活動として合気道の稽古を引き継ぐことになった。

合気道の稽古場所は首都マプトにある閑静な住宅街の中にある「Escola Nyoxani（ニョシャニ学校）」。現地では珍しいインクルーツブ教育を推進する私学校だった。当学校内の体育館を間借りして、体操用のマット素材を畳代わりにして稽古をしていた。30～40畳ほどの広さを、私と現地で合気道を学びたいというモザンビーク人３～４名と週３回18時から19時半までを目安に稽古を続けた。インターナショナルスクールで空手を教える講師、カポエイラを学ぶ若者など参加者はみな身体的技能が素晴らしく、貪欲に学んでいた。

私は合気道を人に教えた経験はほとんど皆無。道場に通う一介の趣味者でしかない。いざ教える側に立つと、実は身体ではわかっていると思っていたことが、真には理解していないことに気づかされた。公用語のポルトガル語で解説するという語学の壁に毎回苦しんだ。一方で合気道ができる喜びをかみしめ、日々稽古をしてきた。そんな時間もつかの間の2020年３月19日。コロナウイルス感染拡大の影響で隊員である私は、翌20日の出国を告げられた。稽古仲間と直接別れの挨拶もできずモザンビークを発ち、今に至る。

首都マプトには柔道や剣道をはじめ、Tang soo Do（唐手道）、空手など多くの武道がそれぞれ道場を持ち、稽古に勤しんでいる。合気道も、現地で発展を十分期待できる素地がある。モザンビークはバンドゥー語圏に属し、およそ40もの部族がいるダイバーシティー豊かな国家だ。異なる民族や文化を繋ぐ手段として、また武道を通じた人格形成や和の心を学びたいと思う人が増えるはず。何より私が出会ったモザンビーク人は実に朗らかで稽古熱心だった。またいつか現地で合気道の稽古を学び合える日を心待ちにしている。

昇段者小論文紹介

合気道の心

本部道場　参段
長　昭彦

昇段者が合気道の技法のみならず、開祖が説いた合気道の精神を日々の過程においていかに体得し、それによって毎日の生活がどのように変化していったのかを知るために、本部道場の段位審査要項では、昇段の際に小論文を提出することになっています。

毎日の稽古の繰り返しの中で、何を学び身につけたのか、読者の皆さんにも読み取ってもらうため、ここで、参段審査を受けた長昭彦さんの論文を紹介します。

新型コロナ禍で、当たり前に過ごしていた日常に制限がかかり、どうしていいか、わからない日々を私も重ねた。抑鬱で酒にまた手が伸び、翌日も宿酔に嫌気して、またそれを繰り返す。そんな勝手知ったる悪癖から脱却する頼みの綱であり、生活の大切な一部となっていた稽古もままならず、ほとほと困った。

このままじゃいけない。というより、にっちもさっちもいかなくなり、走ることにした。

学生時代から苦手で嫌いだったこともあり、四苦八苦し、路上で喘いだ。シニア夫婦から、露骨に嫌な顔をされてしまい、誰ともすれ違わないよう、早朝が、明け方、夜明け前と、時間もどんどん早くなっていった。闇の中、誰もいない街に、徒手空拳《としゅくうけん》で繰り出す不安のまま、弱々しくも足を踏み出していると、身体が少しずつ順応していく。

見慣れた近所の景色にも、刻々と色を変えていく空があり、風の匂いがして、雀が囀《さえず》る。地面を蹴る足音と心臓の鼓動、呼吸のリズムに乗って、手足も、心肺も、筋肉も、自分の身体であって自分の身体ではない、マシンに乗っているような気がした。痛む左膝、右太腿の裏側は持つかなどと、毎日、一つずつ部品を点検し、その日の状態によって動きを調整するようになった。

そして、ふと思った。これは日々、道場で学んでいることではないか。手首を取られたり、手刀を打ち込まれたり、稽古でやっていたのは、それまでの自由を制限された非日常への適応、対処、脱却ではなかったか。

「姿勢良く、下を見ない」「力まず、そこに居着かない」。

師範や先輩諸兄たちの声が聞こてきた。

今日を無事に過ごせても、明日も無事とは限らない。いつ病や災禍が降りかかったって、おかしくない。本当に弱く、無力で、この身体すら、諸行無常だ。昨日あれほどわかったつもりの技を今日やってみて、まったく掛からないで落ち込む。稽古では、相変わらず、その繰り返しである。今の自分の考えが正しいとも限らない。しかし、だから、どうだというのだ。

どんな窮地にも姿勢良く立ち向かい、きちんと前を向いて対処する。怪我していようと、不利だろうと、稽古不足だろうと、二日酔いだろうと、何千もの言い訳を振り払い、その場に立つ。そして、正しい方向に向かっていると信じて、今やるべきことをやる。普通に。当たり前に。本当に体得を目指すべきはそんな合気道の心だと思う。

(公財)合気会行事記録・国内関係(令和2年7月〜令和3年2月)

7月

27〜8/5 **本部道場暑中稽古**
植芝守央道主をはじめ、本部道場指導部各師範の指導で行われ、多数の会員が稽古に励んだ。皆勤者には、皆勤証と記念品が渡された。

8月

22・23 **十勝合気会講習会**
伊藤眞本部道場指導部師範の指導のもと、札内スポーツセンター武道場で開催された。

9月

26・27 **令和2年度秋田県地域社会合気道指導者研修会**
秋田県立武道館柔道場で開催され、中央講師として森智洋本部道場指導部師範、地元講師として松田健一秋田県合気道連盟会長、北嶋貞好秋田県合気道連盟理事長が指導を行った。

10月

3 **第44回新潟合気道演武大会、講習会**
桂田英路本部道場指導部師範の指導のもと、新潟市鳥屋野総合体育館で開催された。

14〜16 **令和2年度前期合気道学校修了式**
16日上級課程、14日中級課程、15日初級課程修了者には学校長より修了証が手渡された。

17・18 **富山県(富山市)地域社会合気道指導者研修会**
富山県営富山武道館で開催され、中央講師として桜井寛幸本部道場指導部師範、地元講師として島恵司富山合気会師範、上島政則同会師範が指導を行った。

26〜28 **令和2年度後期合気道学校開講式**
27日上級課程、28日中級課程、26日初級課程にそれぞれ行われた。

11月

1 **大阪府合気道連盟講習会**
植芝充央本部道場長の指導のもと、大阪府吹田市立武道館で開催された。

12月

25〜1/3 **本部道場寒稽古**
植芝守央道主をはじめ、本部道場指導部各師範の指導で行われ、厳寒の中、多数の会員が皆勤した。皆勤者には皆勤証と記念品が渡された。

1月

4 **植芝吉祥丸二代道主御命日**

6 **本部道場稽古始め**

9 **(公財)合気会全国道場・団体連絡会議**
午後2時30分よりオンラインにて本部道場で開催。植芝守央道主挨拶のあと、植芝充央本部道場長が議長になり、議事を行った。はじめに金澤威(公財)合気会総務部長から令和2年度の(公財)合気会主要行事報告と令和3年度の(公財)合気会主要行事予定の報告があり、そのほか、連盟、各担当より報告がなされた。

10 **本部道場鏡開き式**
午後2時よりオンラインにて開催。植芝守央道主が年頭の挨拶、その後、植芝充央本部道場長の奉納演武が披露され、続いて「鏡開き式推薦昇段者」の発表および証書授与式が行われた。

2月

13・14 **令和2年度中学校武道授業(合気道)指導法研究事業**
中学校武道必修化における指導法研究が日本武道館会議室で開催された。(主催・(公財)日本武道館、(公財)合気会、日本武道協議会、後援・文部科学省)

(公財)合気会行事予定・国内関係(令和3年3月〜9月)

3月

18 **(公財)合気会理事会**

4月

日付未定 **令和2年度後期合気道学校修了式**
上級課程　中級課程　初級課程

26 **開祖・吉祥丸二代道主を偲ぶ会**

29 **合気神社例大祭(茨城県笠間市)**

5月

日付未定 **令和3年度前期合気道学校開講式**
上級課程　中級課程　初級課程

8・9 **鶴岡八幡宮菖蒲祭合気道奉納演武大会**

15 **第58回全日本合気道演武大会(高崎アリーナ)**

日付未定 **(公財)合気会理事会・評議員会**

7月

4 **埼玉県連盟講習会**

22 **関西合同研鑽会**

26〜8/4 **本部道場暑中稽古**

8月

9〜14 **本部道場夏季休暇**

18・19 **学校合気道実技指導者講習会**

27 **第19回全国高等学校合気道演武大会(東京武道館)**

9月

11 **全三菱武道大会**

26 **愛知県連盟講習会**

日付未定 **令和3年度前期合気道学校修了式**
上級課程　中級課程　初級課程

※2月25日現在の国内予定。状況によって変更があります。

(公財)合気会行事予定・国外関係(2021年4月〜9月)

4月

ロシア(AFR)講習会
モスクワ講習会

5月

カナダ講習会
ハワイ(コナ)講習会

6月

ブルガリア(ソフィア)講習会
ラトビア(リガ)講習会
キルギス講習会
PAF講習会
スイス講習会

7月

マレーシア講習会
シンガポール講習会
オーストラリア(シドニー)講習会

8月

フランス(ニース)講習会

9月

ポーランド(AAI)講習会
ノルウェー(オスロ)講習会
ベラルーシ(ミンスク)講習会
韓国(ソウル)講習会

※2月25日現在の海外予定。状況によって変更があります。

前号『合気道探求60号』におきまして、掲載内容に誤りがございましたので、下記のとおり訂正いたします。

P30「熱中症について」下段4行目
誤=運動後…500
正=運動中…500

謹んでお詫び申し上げますとともに、訂正させていただきます。